Italien

Bibliographien zur Literatur- und Mediengeschichte

Herausgegeben von
Peter Gendolla, Hermann Korte
und Karl Riha

Band 8

PETER LANG
Frankfurt am Main · Berlin · Bern · New York · Oxford · Wien

Stefanie Kraemer
Peter Gendolla
(Hrsg.)

Italien
Eine Bibliographie
zu Italienreisen
in der deutschen Literatur

Unter Mitarbeit
von Nadine Buderath

PETER LANG
Europäischer Verlag der Wissenschaften

Bibliografische Information Der Deutschen Bibliothek
Die Deutsche Bibliothek verzeichnet diese Publikation in der
Deutschen Nationalbibliografie; detaillierte bibliografische
Daten sind im Internet über <http://dnb.ddb.de> abrufbar.

Gedruckt auf alterungsbeständigem,
säurefreiem Papier.

ISSN 0940-8886
ISBN 3-631-50422-5
© Peter Lang GmbH
Europäischer Verlag der Wissenschaften
Frankfurt am Main 2003
Alle Rechte vorbehalten.

Das Werk einschließlich aller seiner Teile ist urheberrechtlich
geschützt. Jede Verwertung außerhalb der engen Grenzen des
Urheberrechtsgesetzes ist ohne Zustimmung des Verlages
unzulässig und strafbar. Das gilt insbesondere für
Vervielfältigungen, Übersetzungen, Mikroverfilmungen und die
Einspeicherung und Verarbeitung in elektronischen Systemen.

Printed in Germany 1 2 3 4 6 7
www.peterlang.de

Inhalt:

Stefanie Kraemer: Vorwort   7

I.   Bibliographie zur Primärliteratur   16

II. Sekundärliteratur   29

II.1 Gesamtbibliographien   29

II.2 Monographien, Aufsätze und Artikel in Büchern, Zeitungen und

     Zeitschriften, Reiseführer, Kataloge, Diverses   30

Peter Gendolla: Arkadien. Zum Italienbild von

                         Archenholtz bis Heine   79

Stefanie Kraemer

Vorwort

Der Reiseforschung der letzten Jahrzehnte ist es zu verdanken, dass die Geschichte des Reisens mit all ihren Entwicklungen und besonderen Ausprägungen mittlerweile fast lückenlos nachgezeichnet werden kann. Selbst Zeiträume der Antike und des frühen Mittelalters sind kein leeres Blatt mehr, wobei man hier jedoch gewisse Einschränkungen hinsichtlich der Glaubwürdigkeit und Authentizität der Überlieferungen machen sollte und zudem die Zahl der erhalten gebliebenen Texte verhältnismäßig gering im Vergleich zu anderen Epochen ist. Im eigentlichen Sinne kann hier nicht von ‚Reiseliteratur' gesprochen werden kann, da das Reisen an sich in anderen literarischen Formen thematisiert wird.

Die Schematisierung von Reiseformen innerhalb der geschichtlichen Epochenentwicklung orientiert sich maßgeblich an den Aspekten ‚Reisende' und ‚Motivation', also daran, wer aus welchen Gründen reiste. Diese beiden Hauptkriterien erlauben es, die Vielzahl der unterschiedlichen Reisen formell und inhaltlich zu strukturieren, um den Verlauf ebenso wie die Voraussetzungen, Bedingungen und Verstrickungen der einzelnen Entwicklungen, Zäsuren und Fortschritte im Reisewesen zu einem umfassenden Überblick zusammenzufügen. Erst im Zuge einer weiteren Spezifikation der Fragestellungen werden zumeist weitere Auswahlkriterien und Konkretisierungen wie das Geschlecht der Reisenden, das Reiseziel, das Transportmittel oder die Konfession hinzugenommen. Anhand dieser Festlegung kann grundlegend davon ausgegangen werden, dass bestimmte Reisen schon seit langem gemacht werden. Dazu zählen neben den durch Zwangsmobilität – Kriegsgeschehnisse, Naturkatastrophen, Seuchen und verheerende soziale Zustände – ausgelösten Völkerwanderungen die Missions-, Herrscher- und Gelehrtenreisen ebenso wie die ‚Berufsreisen' von Kaufleuten, Händlern, Handwerkern oder dem ‚fahrenden Volk' – Narren, Gauklern, Musikanten und Artisten.
Betrachtet man sich allein die Quellentexte, die bis in die Antike zurückreichen, und darüber hinaus auch noch die entstandene Sekundärliteratur, muss man feststellen, dass es sich hier mittlerweile um einen kaum noch zu überschauenden Bereich handelt.

Vor diesem Hintergrund widmet sich die vorliegende Bibliographie dem Reiseziel Italien. Italien gilt seit je her als eines der zentralen Reiseziele innerhalb Europas und hat bis heute seine Faszination nicht verloren. Ein kurzer Rückblick in die Geschichte des Reisens und der Italienreisen zeigt, wie sich sowohl das Reisen an sich, die Reisenden als auch die Reisemotivation im Laufe der Jahrhunderte gewandelt hat.

Italien ist als Reiseziel gerade für deutsche Reisende zu einem traditionellen Reiseland geworden. Die Wurzeln dieser Tradition basieren auf der religiösen und kulturellen Attraktivität Italiens, die seit dem Mittelalter beobachtet werden kann.

War in der Antike der Grundstein für die Möglichkeit des Reisens gelegt worden – besonders im infrastrukturellen Bereich wie Straßenbau, Transport- oder Beherbergungswesen – setzt sich die Entwicklung des Reisens im Mittelalter in weitaus größeren Ausmaßen fort. Als größte Erscheinungsform des Mittelalters treten dabei die Pilgerreisen hervor. Sie sind angeregt durch den kirchlichen Machtaufschwung und die Kreuzzüge um 1100, die noch überwiegend von Adligen und Rittern bestritten werden. Die allmähliche Erweiterung der Reisegruppe führt zu massenähnlichen Bewegungen, die sich neben den regionalen Kultorten überwiegend auf das ‚Heilige Land', Santiago de Compostela und eben Rom erstrecken. Mit dieser Entwicklung geht neben dem Auf- und Ausbau einer touristischen Infrastruktur, die sich vornehmlich auf das Beherbergungswesen bezieht, ein Motivationswandel der Reisenden einher. Die anfänglich ausschließlich religiösen Gründe des Reisens werden mit Profanem, z.B. der Befriedigung reiner Neugier auf das ‚Fremde'[1] gemischt, so dass im Spätmittelalter von einem „regelrechten Sakraltourismus"[1] gesprochen werden kann. Die Reiseliteratur dieser Zeit besteht aus drei Hauptgenres: Pilgerführern, Itinarien (Routenbücher) und literarischen Reiseberichten[2]. Während die Pilgerführer und Itinarien den Reisenden über die zu besuchenden Orte, Wegstrecken, Preise, Unterkunftsmöglichkeiten und Reiseausrüstungen informieren und sich zukünftig in der fast gleichbleibenden Form des Reisehandbuchs wiederfinden, vollzieht sich innerhalb der Reiseberichte parallel zu den Veränderungen im Reisewesen ein erster Wandel.[3] Die Texte nehmen eine bewusstere Strukturierung an, die Darstellungen orientieren sich zunehmend an Fakten und wirklich Gesehenem und nicht länger an der Übernahme von anderen Quellen. Die zunächst unpersönliche Betrachtungsweise weicht einer persönlichen, die den Reisenden in den Mittelpunkt stellt.[4]

Diese Veränderungen in der Reiseliteratur werden durch die allgemeinen Entwicklungen, die den Übergang vom Mittelalter zur frühen Neuzeit markieren, fortgesetzt und nachhaltig geprägt. Unter dem Einfluss des aufkommenden Humanismus, der Reformation und der großen Entdeckungsfahrten von Kolumbus oder Magellan setzt sich das Streben nach einer empirisch wahrgenommenen Weltanschauung durch. Die epochenbestimmende Säkularisierung zeigt sich deutlich

---

[1] Vgl.: Brenner, Peter J.: Der Reisebericht in der deutschen Literatur. Ein Forschungsüberblick als Vorstudie zu einer Gattungsgeschichte. 2. Sonderheft des Internationalen Archivs für Sozialgeschichte der deutschen Literatur. Tübingen: Niemeyer 1990. S. 43.
[2] Wolf, Gerhard: Die deutschsprachigen Reiseberichte des Spätmittelalters. In: Der Reisebericht. Die Entwicklung einer Gattung in der deutschen Literatur. Hrsg. v. P. J. Brenner. Frankfurt/M.: Suhrkamp 1989. S. 87 ff.
[3] Vgl.: Huck, Gerhard: Der Reisebericht als historische Quelle. In: ...und reges Leben ist überall sichtbar! Reisen im Bergischen Land um 1800. Hrsg. von Gerhard Huck u. Jürgen Reulecke. Neustadt a.d. Aisch: Ph. C. W. Schmidt 1978. S. 33 f.
[4] Neben den inhaltlichen Veränderungen wechselt in der Blütezeit der Pilgerreisen (14. und 15. Jahrhundert) auch die Sprache. Die ersten deutschsprachigen Reiseberichte – zwei Übersetzungen aus dem Lateinischen von Wilhelm von Boldensele und Ludolf von Sudheim – werden auf die zweite Hälfte des 14. Jahrhunderts datiert. Vgl.: Wolf, Gerhard: Die deutschsprachigen Reiseberichte des Spätmittelalters. In: Der Reisebericht. Die Entwicklung einer Gattung in der deutschen Literatur. Hrsg. von P. J. Brenner. Frankfurt/M.: Suhrkamp 1989. S. 86.

in dem wahren Forscherdrang der Reisenden, in den alle Bereiche des Lebens – Technik, Wirtschaft, Politik, Kultur und Religion – einbezogen werden.[5] Das Reisen bedarf nun keiner religiösen Motivation und Rechtfertigung mehr, sondern kann das Bedürfnis der 'curiositas' – der reinen Neugier – umfassend befriedigen.[6] Diesem Wandel entsprechend werden die Reisen selbst 'wissenschaftlicher' und die empirischen Erkenntnisse und Beobachtungen in sachlicher und detaillierter Weise dargestellt. Als neues Genre der Reiseliteratur bringt das 16. Jahrhundert die sogenannten 'Apodemiken' hervor, die sich mit der 'Kunst des Reisens' auseinandersetzen.[7] Der Grundgedanke dieser Reiseanleitungen stützt sich auf das entstehende humanistische Bildungsideal, die Umwelt durch eigenes Erleben und Wahrnehmen kennen zu lernen. Neben moralischen und philosophischen Diskussionen über die Nützlichkeit des Reisens werden dem Reisenden vorrangig Ratschläge und Verhaltensregeln gegeben, die das Ziel 'Bildung' und 'Lernen' betonen. Während diese Studienreisen zunächst überwiegend von jungen Männern des gewerblichen Mittelstands und des gehobenen Bürgertums unternommen werden, weitet sich der Kreis der Reisenden zunehmend auch auf die adligen Schichten aus.[8] Die Gründe hierfür liegen zum einen in der stetig fortschreitenden Anerkennung der humanistischen Ideale in der Gesellschaft und zum anderen im französischen Lebensstil, der das gesamte europäische Hofleben des Barocks beeinflusst.[9]
Das 17. Jahrhundert kann als Zeitalter der Bildungsfahrten umschrieben werden. Neben den Studienreisen des Bürgertums bildet sich speziell die charakteristische Kavalierstour, auch Grand Tour genannt, heraus. Diese Reiseform, die den adligen Schichten vorbehalten ist, folgt vornehmlich berufs- und karriereorientierten Interessen: Im Vordergrund steht die Persönlichkeit des Reisenden und die profunde Abrundung seines Allgemeinwissens ebenso wie der gesellschaftlichen Umgangsformen.[10] Die zum Teil Jahre dauernden, standardisierten Auslandsreisen führen in die kulturellen, wirtschaftlichen oder politischen Zentren Europas: Italien, Frankreich, die Niederlande oder England. Die Bildungsreisen nach Italien erfreuen sich einer immer größer werdenden Beliebtheit, da hier die optimalen Voraussetzungen für Studien der wissenschaftlichen und kulturellen Lebensbereiche gegeben sind. Neben den Gelehrten reisen immer wieder Musiker, Maler, Bildhauer, Architekten und Literaten in den Süden, wo sie konzentriert Wissen, Kunsterlebnisse

---

[5] Vgl.: Huck, Gerhard: Der Reisebericht als historische Quelle. A.a.O., S. 36.
[6] Vgl.: Gerhard, Wolf: Die deutschsprachigen Reiseberichte des Spätmittelalters. A.a.O., S. 83.
[7] Vgl.: Kutter, Uli: Der Reisende ist dem Philosophen, was der Arzt dem Apotheker – Über Apodemiken und Reisehandbücher. In: Reisekultur. Von der Pilgerfahrt zum modernen Tourismus. Hrsg. von Hermann Bausinger, Klaus Beyrer, Gottfried Korff. München: Beck 1991. S. 38-47, hier S. 38.
[8] Vgl.: Ridder-Symoens, Hilde de: Die Kavalierstour im 16. und 17. Jahrhundert. In: Der Reisebericht. Die Entwicklung einer Gattung in der deutschen Literatur. Hrsg. von Peter J. Brenner. Frankfurt/M.: Suhrkamp 1989. S. 197-223, hier S. 198.
[9] ebda., S. 198 ff. Die wesentlichen Elemente der humanistischen Weltanschauung forderten Aufgeschlossenheit, Universalität und Kosmopolitismus in starker Anlehnung an die Antike, also Eigenschaften, die durch ausgedehnte Reisen in die kulturellen Zentren Europas erlangt werden konnten.
[10] Vgl.: Huck, Gerhard: Der Reisebericht als historische Quelle. A.a.O., S. 37.

und Erfahrungen mit der Antike und dem Altertum sammeln können. Auf dieser Grundlage entsteht das fortan prägende Bild Italiens als dem „Mutterland der Künste"[11]. Dieses Bild übersteht auch die Krisenerscheinung des Interesses an Italienreisen, die zur Mitte des 18. Jahrhunderts zu verzeichnen ist: Im Zuge der Aufklärung werden die europäischen Reiseländer speziell unter ethischen und politischen Aspekten miteinander verglichen.[12] Diese Eingrenzung führt dazu, dass Italien – staatlich zersplittert und größtenteils despotisch regiert – als Reiseziel kurzfristig in den Hintergrund rückt und den Kriterien zufolge vorbildlichen Staaten wie England Platz macht.[13]

Zum Teil lässt sich jedoch schon im 17. Jahrhundert feststellen, dass die eigentlichen Motive dieser Reisen allmählich in den Hintergrund rücken und der Aspekt des Vergnügens mehr Bedeutung bekommt. Kritisch wird in diesem Zusammenhang gerade das Reisen nach Italien gesehen, da hier der Reisende in besonderer Weise sexuellen Versuchungen ausgesetzt sei.[14] Das gehobene, stärker werdende Bürgertum reagiert auf diesen 'Verfall' mit einer Abgrenzung zum Adel und scharfen Reglementierungen ihrer eigenen Bildungsreisen.[15] Entgegen der „ausgeprägten Ambivalenz der Bewertung"[16] der innereuropäischen Reisen setzen sich die Entwicklungslinien der Reiseliteratur fort. Die institutionalisierten Reiseerfahrungen werden in den Berichten zumeist ähnlich wiedergegeben, wobei die sachlichen Beschreibungen von örtlichen Gegebenheiten und Sehenswürdigkeiten die persönlichen Eindrücke überwiegen.

Das Reisen im 18. Jahrhundert kann ebenfalls unter dem Begriff 'Bildungsreisen' zusammengefasst werden. Diese Bildungsreisen sind eng verbunden mit den aufklärerischen Bedingungen und Entwicklungen ihrer Zeit und unterscheiden sich demnach sowohl in ihrer Motivation und Funktion als auch durch ihre Form, und nicht zuletzt die Reisenden selbst von ihren Vorbildern. Der gewandelten Weltanschauung entsprechend – im Zentrum aller Lebensbereiche steht nun der

---

[11] Maurer, Michael: Italienreisen – Kunst und Konfession. In: Reisekultur. A.a.O., S. 221-229, hier S. 226 f.

[12] Vgl.: Meier, Albert: Von der enzyklopädischen Studienreise zur ästhetischen Bildungsreise. A.a.O., S. 290 f. Das herausragendste Werk bildet dabei Johann Wilhelm von Archenholtz' *England und Italien* von 1785. Siehe auch: Oswald, Stefan: Italienbilder. Beiträge zur Wandlung der deutschen Italienauffassung 1770-1840. (Germanisch-Romanische Monatsschrift, Beiheft 6) Heidelberg: Winter 1985. S. 10-20.

[13] Neben dem 'politischen' Bedeutungsverlust Italiens sind zudem der Sittenverfall, der freiere Umgang mit Sexualität, die römische Inquisition und die Zensur Gründe, die Kritik und Angst hervorrufen und von diesen Reisen abhalten. Vgl.: Ridder-Symoens, Hilde de: Die Kavalierstour im 16. und 17. Jahrhundert. A.a.O., S. 203.

[14] Vgl.: Ridder-Symoens, Hilde de: Die Kavalierstour im 16. und 17. Jahrhundert. A.a.O., S. 203.

[15] Vgl.: Meier, Albert: Von der enzyklopädischen Studienreise zur ästhetischen Bildungsreise. Italienreisen im 18. Jahrhundert. In: Der Reisebericht. A.a.O., S. 284-305, hier S. 285. Die Stärkung des Bürgertums führt Meier hier auf die merkantilistische Orientierung der europäischen Staaten zurück, woran sich nun auch die Legitimation der Reisen zu messen hatte. Siehe auch: Huck, Gerhard: Der Reisebericht als historische Quelle. A.a.O., S. 37 f.

[16] Huck, Gerhard: Der Reisebericht als historische Quelle. A.a.O., S. 38.

Mensch und seine Vernunft – dienen Reisen nicht länger zur reinen beruflichen Ausbildung, sondern vielmehr der Sammlung von Wissen über die eigene Gattung, Reisen wird zum anthropologischen Selbsterforschungsprojekt. Die vormals erforderliche Rechtfertigung wie auch die Diskussionen über die Nützlichkeit des Reisens entfallen somit. Diese elementaren geistigen Voraussetzungen der Aufklärung lösen so die Spezialisierung und Differenzierung der Wissenschaften aus, auf denen folglich die für das 18. Jahrhundert markanten Wissenschaftsreisen beruhen.[17] Neben dem geographischen Entdeckungsdrang stehen besonders die völkerkundlichen Interessen im Vordergrund.[18] Parallel hierzu bieten vor allem die philosophischen Erkenntnisse und theoretisch-reflektierenden Diskussionen dem Reisenden die Möglichkeit, die Reise als eine Erfahrung des eigenen 'Ichs' wahrzunehmen. Dieses gemeinsame und verbindende Element wird in allen Ausprägungen der aufklärerischen Reiseberichte durch die stärkere Hervorhebung der subjektiven Sichtweise offensichtlich.[19] Die Inhalte der Beschreibungen orientieren sich neben den eigentlichen Betrachtungsobjekten mehr und mehr an den individuellen Erfahrungsprozessen und Erlebnisformen der Reisenden. Diese qualitativen Veränderungen sind von besonderer Bedeutung, da sie die grundsätzliche Funktion von Reiseberichten als Informations- und Gebrauchsmedien erweitern.[20] Im bewussten Umgang mit den literarischen Darstellungstechniken und Qualitätsmaßstäben sieht Peter Brenner die Anfänge des Gattungswandels, der im 19. Jahrhundert seine Vollendung im ästhetisch-literarischen Reisebericht findet.[21]

Die Lösung von den herkömmlichen Konventionen, z.B. Reiseziele, -dauer, -absichten, Alter der Reisenden, Darstellungsformen der Reiseberichte u.s.w., bezieht sich in der Aufklärung auch auf die soziale Herkunft der Reisenden. Das Reisen ist nicht länger den privilegierten, adligen Schichten vorbehalten, sondern wird weitestgehend 'verbürgerlicht'. Dieser langsam fortschreitende Prozess basiert ebenso auf den neuen gesellschaftlichen Weltanschauungen der Aufklärung wie auf den idealen Voraussetzungen, die das Bürgertum für eine Reisetätigkeit mitbringt: Bildung und Vermögen.[22]
Das Zusammenwirken all dieser Entwicklungen und Tendenzen führt dazu, dass das Interesse an Reiseliteratur allgemein seinen Höhepunkt findet und diese Zeit als die

---

[17] Als bekannteste deutsche Vertreter dieses Reisetyps gelten zum einen Alexander von Humboldt (1769- 1859), der auf seinen Reisen ethnologische, botanische, geographische als auch nautisch-kartographische Ziele verfolgte, und zum anderen Friedrich Nicolai (1733-1811). Vgl.: Wuthenow, Ralph-Rainer: Die erfahrene Welt. Europäische Reiseliteratur im Zeitalter der Aufklärung. Frankfurt/M.: Insel 1980. S. 12 und Brenner, Peter J.: Der Reisebericht in der deutschen Literatur. A.a.O., S. 172.
[18] Vgl.: Huck, Gerhard: Der Reisebericht als historische Quelle. A.a.O., S. 39 f.
[19] Vgl.: Wuthenow, Ralph-Rainer: Die erfahrene Welt. A.a.O., S. 15.
[20] Vgl.: Brenner, Peter J.: Der Reisebericht in der deutschen Literatur. A.a.O., S. 273.
[21] ebda., S. 273.
[22] ebda., S. 160. Siehe hierzu auch: Ueding, Gert: Klassik und Romantik. Deutsche Literatur im Zeitalter der Französischen Revolution 1789-1815. In: Hansers Sozialgeschichte der deutschen Literatur vom 16. Jahr- hundert bis zur Gegenwart. Hrsg. von Rolf Grimminger. Bd. 4. München, Wien: Hanser 1987. S. 781.

„Blütezeit des Reiseberichts"[23] bezeichnet werden kann. Die zunehmende Reisebereitschaft bewirkt eine regelrechte Flut von Publikationen, den Ausdrucksmöglichkeit der Reisenden sind kaum Grenzen gesetzt: Tagebücher, Briefe, Stationenchroniken, Reisememoiren, episodendurchsetzte und zuweilen fiktional ausgeschmückte Erzählungen.[24] Ähnlich der Form variieren auch die Inhalte von den sachlichen, objektiven Beschreibungen der wissenschaftlichen Reisen bis zu den Darstellungen, die sich an sozialen und gesellschaftlichen Fragen orientieren, die z.B. das Straßennetz, das Postwesen, die Polizei- und Justizstrukturen, das Gesundheitswesen oder das Bildungssystem des bereisten Landes betreffen.[25] Die Lösung von Konventionen und Normen und die Ausweitung der reisenden Schichten führen zu einer Umgewichtung des Bewertungsmaßstabs, in dem fortan „das Primat des Ästhetischen"[26] bestimmend sein wird. Der Wegbereiter dieser klassizistischen Ästhetik ist gerade bei den Italienreisen aus deutscher Sicht der Maler Johann Joachim Winckelmann (1717-1768), der bekannteste Vertreter innerhalb der Literatur Johann Wolfgang Goethe mit seiner *Italienischen Reise*.[27] Neben diesen wichtigen geistesgeschichtlichen Strömungen und Motivationen sollen die äußeren Anreize Italiens – klimatische Bedingungen, die Lebensgewohnheiten der Italiener und die damit verbundenen Konsequenzen für die Unterhaltung und das Vergnügen – zumindest kurz erwähnt werden.

Infolge der immensen Beliebtheit von Italienreisen lässt sich neben der weit zurückreichenden Tradition bereits im 18. Jahrhundert jedoch auch eine weitest gehende Standarisierung dieser Reisen feststellen. Diese Reisegewohnheiten beziehen sich sowohl auf die Strecke als auch auf den Transport und die Unterkünfte.
Die große Mehrheit der Italienreisenden fährt über den Landweg nach Italien, die deutschen Reisenden überqueren die Alpen meistens über den Brenner und fahren anschließend über Bozen und Trient nach Venedig.[28] Daran schließen sich Aufenthalte in Padua, Bologna, Loreto und Rom an, wobei Rom als das Hauptziel

---

[23] Vgl.: Brenner, Peter J.: Der Reisebericht in der deutschen Literatur. A.a.O., S. 273.
[24] Vgl.: Jäger, Hans-Wolf: Reisefacetten der Aufklärungszeit. In: Der Reisebericht. A.a.O., S. 261-283, hier S. 262.
[25] ebda., S. 271 f. Dass besonders die Autoren dieser Zeit nun auch reisten, um neuen Erzählstoff zu erhalten, wird jedoch auch kritisch bewertet. Matthias Claudius zu diesem Phänomen: „Wenn jemand eine Reise thut, so kann er was verzählen; drum nahm ich meinen Stock und Hut, und thät das Reisen wählen.", zit. nach: Wülfing, Wulf: Reiseliteratur. In: Deutsche Literatur. Eine Sozialgeschichte. Hrsg. von Horst A. Glaser. Bd. 6. Reinbek bei Hamburg: Rowohlt 1980. S. 180-194, hier S. 181 f.
[26] Meier, Albert: Von der enzyklopädischen Studienreise zur ästhetischen Bildungsreise. A.a.O., S. 291. Das 'Ästhetische' kommt laut Meier besonders in den individuellen und subjektiven Wahrnehmungen und Erlebnissen zum Ausdruck.
[27] Vgl.: Maurer, Michael: Italienreisen – Kunst und Konfession. A.a.O., S. 227 f. Zur Bedeutung Roms als Reiseziel schreibt Wilhelm Heinse 1782 in einem Brief an Johann W. L. Gleim: „Für die bildenden Künste bleibt es ohnedem die Hauptstadt der Welt, mit welcher keine andre verglichen werden kann." Zit. nach: Haufe, Eberhard (Hrsg.): Deutsche Briefe aus Italien. Von Winckelmann bis Gregorrovius. München: Beck 1987. S. 40.
[28] Vgl.: Maurer, Michael: Italienreisen – Kunst und Konfession. A.a.O., S. 222 f.

einer Italienreise gilt und somit hier der Aufenthalt am längsten dauert. Auf Rom folgt dann ein Besuch in Neapel, von wo aus man die Inseln Capri und Sizilien besichtigt. Danach geht es wieder nach Rom zurück und über Florenz in Richtung Norden. Dass sich die meisten Reisenden auf dieser standardisierten Route bewegen, hängt mit dem Wegenetz der Postkutschen zusammen, das bereits seit der ersten Hälfte des 16. Jahrhunderts gut organisiert ist und über ein regelmäßig befahrenes Straßennetz verfügt.[29] Konsequenz dieses Verhaltens ist, dass einige Gegenden Italiens – Venetien, Emilia-Romagna, Toskana, Lombardei oder der Kirchenstaat – äußerst bekannt und andere – Apulien oder Kalabrien – fast unbekannt sind. Die Wahl der Reiseziele und die Dauer des Aufenthalts wird nach äußeren Kriterien abgestimmt. So spielen die klimatischen Bedingungen und der religiöse Festkalender eine wichtige Rolle: Die meisten Reisenden vermeiden es aufgrund der hohen Temperaturen, im Sommer zu reisen. Im Oktober reist man von Norden her an und verbringt die Wintermonate in Rom oder Neapel, Ostern mit seinen Festtagen in Rom und fährt dann im Frühjahr nach Florenz.[30]

Die Reiseroute mit ihren jeweiligen Zielen und die Zeit, die man für einen Streckenabschnitt benötigt, können im Voraus sehr gut geplant werden, da die Mehrheit der Reisenden ausschließlich die Post als Transportmöglichkeit benutzt. Entlang der Straßen befinden sich Stationen, die auch 'poste' genannt werden. Die 'poste' liegen je nach Beschaffenheit des Geländes 8-15 italienische Meilen auseinander. Die Strecke Augsburg-Venedig zum Beispiel wird so durch 21 'poste' eingeteilt, die Strecke Venedig-Rom zerfällt in 43 Stationen.[31] Bei der Post unterscheidet man die eigentliche Post und die Cambiatura. Der Ausdruck Cambiatura bedeutet dabei nur, dass an den einzelnen Stationen die Pferde gewechselt werden.[32] Der Unterschied zwischen beiden besteht daher lediglich darin, dass der Tarif für die Post beträchtlich über dem der Cambiatura liegt, weswegen denn auch diese gewöhnlich bevorzugt wird. Der Fahrpreis richtet sich nach der Anzahl der in Anspruch genommenen Poststationen. Dabei können in bergigen oder schwer befahrbaren Abschnitten auch die eine oder andere Strecke als 'doppia posta' berechnet werden. Die Fahrzeit pro Tag beträgt im Durchschnitt sechs bis sieben Stunden.[33] Ein Beispiel: Für die Strecke von Augsburg nach Venedig benötigt man im Durchschnitt 120 Stunden, dies bedeutete also ca. 17 Tage.

Neben der Möglichkeit, mit den Postkutschen zu fahren, gibt es auch die 'Vetturine'. Vetturine sind Privatunternehmen mit eigenen Kutschen, mit denen man zu Beginn einer Reise in Italien einen Vertrag schließt, der dann für die ganze Dauer der Fahrt gilt. Der Vorteil hierbei ist, dass man an größeren Stationen keine neue Postkutsche mieten muss, was unter Umständen zu Verzögerungen im Reiseablauf führen kann.

---

[29] Vgl.: Schudt, Ludwig: Italienreisen im 17. und 18. Jahrhundert. Wien, München: Schroll 1959. S. 155.
[30] Vgl.: Maurer, Michael: Italienreisen – Kunst und Konfession. A.a.O., S. 222 ff.
[31] Vgl.: Schudt, Ludwig: Italienreisen im 17. und 18. Jahrhundert. A.a.O., S. 155 ff.
[32] Anm.: Cambiatura vom italienischen cambiare = wechseln.
[33] Siehe auch: Lang, Rudolf W.: Reisen anno dazumal. München: Vollmer 1979. S. 52 ff. Lang beschreibt hier die unterschiedlichen Modelle von Kutschen im 18. und 19. Jahrhundert: Fassungsvermögen, Bequemlichkeit, Antrieb, Einschätzungen und Meinungen von Zeitzeugen.

Ebenso sind bei dieser Form des Transports die Unterkunft und die Verpflegung inbegriffen. Der Preis für solch ein Inklusivangebot ist zumeist günstiger, jedoch gibt es bisweilen Nachteile gegenüber dem gewöhnlichen Postkutschenverkehr, auch 'ordinari' genannt. Die Route ist festgelegt, so dass man an den einzelnen Stationen oder in bestimmten Städten nicht nach Belieben rasten kann. Zudem dauert die Fahrt oft länger, da sich die Kutscher tageweise bezahlen lassen.[34] Für den Weg von Rom nach Neapel gelten schon sehr früh besondere Bedingungen. Aufgrund der hohen Frequentation werden regelrechte Pauschalarrangements angeboten.[35] Diese vierzehntägigen Reiseangebote beinhalten einen fünftägigen Aufenthalt in Neapel mit festgelegten Ausflügen, die restliche Zeit wird für die Fahrt gebraucht. Zwar werden viele dieser Pauschalreisen gebucht, Reisende mit gehobenen Ansprüchen raten jedoch davon ab.

Entsprechend der äußeren Normierung der Reisen lassen sich in den Reiseberichten bestimmte Topoi nachweisen, die immer wieder aufgenommen werden.[36] Dazu zählen neben der Sicherheit auch die Unterkunftsmöglichkeiten und die Verpflegung. Die Literatur über Räuber und Banditen ist zahlreich, jedoch wird kaum einmal von einem wirklichen Überfall berichtet.[37] Allgemein gilt jedoch, dass die Sicherheit auf den Straßen gen Süden abnimmt. Ähnlich generalisierend werden die Unterkünfte und die Verpflegung beschrieben. In den großen Touristenzentren – Venedig, Rom, Neapel, Florenz, Genua, Turin oder Mailand – bilden sich ganze Fremdenviertel mit Hotels heraus. In den kleineren Städten gibt es zumeist kleinere Hotels und Pensionen, die oft in der Nähe der Poststation liegen und daher 'Alla Posta' heißen. Die Qualität der Unterkünfte hängt stark von den Besitzern ab. Deren Beurteilung ist sehr unterschiedlich, generell aber sind die Aussagen der Reisenden eher negativ. Im Allgemeinen spricht man davon, dass die besten und zuverlässigsten Gasthöfe in Oberitalien, speziell in der Lombardei zu finden sind, und nach der Überschreitung des Apennins die Qualität von Unterkunft und Verpflegung stark abnimmt. Hotels, Pensionen und Gasthöfe werden in der Regel nur für kurze Aufenthalte benutzt. Sobald ein Reisender länger an einem Ort verweilen möchte, ist es üblich, sich ein Zimmer oder gar eine ganze Wohnung zu mieten.[38]
Das Ende der Aufklärung und der Übergang zum 19. Jahrhundert markieren einen Wendepunkt in der Geschichte des Reisens. Durch den zunehmenden technischen Fortschritt, zum Beispiel im Transport- und Beherbergungswesen, wird das Reisen bequemer, und der Reiz des Abenteuerlichen geht allmählich verloren.[39] Immer mehr Schichten wird das Reisen zugänglich gemacht, wodurch bereits das frühe 19.

---

[34] Vgl.: Lang, Rudolf W.: Reisen anno dazumal. A.a.O., S. 59 ff.
[35] Vgl. Schudt, Ludwig: Italienreisen im 17. und 18. Jahrhundert. A.a.O., S. 156.
[36] Vgl.: Brenner, Peter J.: Der Reisebericht in der deutschen Literatur. A.a.O., S. 92.
[37] ebda. S. 158. Siehe auch: Huck, Gerhard: Der Reisebericht als historische Quelle. A.a.O., S. 35.
[38] ebda. S. 161.
[39] Anm.: Zur traditionellen Postkutsche kamen erst Dampfwagen, Dampfboote und dann die Eisenbahn dazu.

Jahrhundert als Vorläufer des modernen Tourismus betrachtet werden kann.[40] Analog dazu verschiebt sich bei der Mehrheit der Reisenden die Motivation. Während Reisen als Teil der politischen und moralischen Bildung in den Hintergrund rückt, bekommen die Natur und das Naturerlebnis einen neuen Stellenwert.[41] Besonders deutlich wird dies beim 'Wandern'. Hier ist nicht länger das Erreichen des Zielpunkts wichtig, sondern der eigentliche Weg, der dorthin führt.[42]

Durch die zunehmende Zugänglichkeit der geographischen Wirklichkeit für ein breiteres Publikum wird der Funktionswandel der Reiseliteratur endgültig vollzogen.[43] Bislang ist der Reisebericht die Quelle von Informationen über ferne Länder und fremde Kulturen gewesen, in der ebenfalls Platz für sozialkritische Vergleiche und kulturelle Auseinandersetzungen war. Diese Funktion wird nun aber von Zeitschriften und Journalen übernommen. Durch diesen Verlust bekommt der Reisebericht die Möglichkeit einer freieren Entfaltung. Er öffnet sich vermehrt der Subjektivität des Autors und bedient sich literarischer Formen, wie sie die fiktionale Literatur geprägt hat.[44] In den Reiseberichten ist es nun möglich, die verschiedensten Themen auf sehr vielfältige Art und Weise zu verarbeiten, da es keine klare Abgrenzung in formaler und thematischer Hinsicht des Genres gibt. Schon im ausgehenden 18. Jahrhundert und dann im 19. Jahrhundert setzt sich die „Tendenz zur Poetisierung" des Reiseberichts durch, wodurch er „endgültig seinen Platz im Gattungsgefüge der Literatur gewinnt."[45]

---

[40] Im Zuge der größer werdenden Beliebtheit des Reisens entstanden zu Beginn des 19. Jahrhunderts die ersten Reisebüros. Das erste wurde in Paris gegründet, später setzte dann das Unternehmen Thomas Cook die Entwicklung in England fort. Siehe hierzu auch: Treue, Wilhelm: Zum Thema der Auslandsreisen im 18. und 19. Jahrhundert. In: Archiv für Kulturgeschichte. Hrsg. von Walter Goetz, Herbert Grundmann und Fritz Wagner. Bd. 35. Münster, Köln: Böhlau 1953. S. 328-333, hier S. 331.

[41] Kutter, Uli: Der Reisende ist dem Philosophen, was der Arzt dem Apotheker – Über Apodemiken und Reisehandbücher. A.a.O., S. 39. Gerade gegen Ende des 18. Jahrhunderts sind politische Bildungsreisen sehr beliebt. Sie führen nach Frankreich, Paris, um dort die revolutionären Ereignisse direkt mitzuerleben. Vgl.: Ueding, Gert: Klassik und Romantik. A.a.O., S. 781 f. Siehe auch: Weber, Johannes: Wallfahrten nach Paris – Reiseberichte deutscher Revolutionstouristen von 1789-1802. In: Reisekultur. A.a.O., S. 179-185.

[42] ebda., S. 39 f. In diesem Punkt werden die Ähnlichkeiten und Einflüsse der einzelnen künstlerischen Disziplinen untereinander sichtbar. In der Malerei entwickeln sich zur gleichen Zeit Tendenzen, die den Weg – hier zumeist Schifffahrtswege – in den Mittelpunkt eines Bildes stellen. Vgl.: Wagner, Monika: Ansichten ohne Ende – oder das Ende der Ansicht? Wahrnehmungsumbrüche im Reisebild um 1830. In: Reisekultur. A.a.O., S. 326-335, hier S. 334.

[43] Brenner, Peter J.: Der Reisebericht in der deutschen Literatur. A.a.O., S. 275

[44] ebda., S. 275.

[45] ebda., S. 275. Als äußeren Hinweis dieser Entwicklung nennt Brenner die überdurchschnittlich häufige Verwendung dieser Gattung von Autoren, deren Stellung in der Literaturgeschichte eben nicht darauf beruht, dass sie 'Reiseschriftsteller' sind.

I. Primärliteratur

1. Adler, Georg Christian: Kurzgefaßte Übersicht seiner in den Jahren 1780 bis 1782 getanen Reise. Altona 1783.

2. Adler, Georg Christian: Reisebemerkungen auf einer Reise nach Rom. Altona 1784.

3. Allmers, Hermann: Römische Schlendertage. Oldenburg 1869.

4. Archenholtz, Johann Wilhelm von: England und Italien. Leipzig 1785.

5. Archenholtz, Johann Wilhelm von: Rechtfertigung gegen die Beschuldigung des Herrn Bibliothekar Jagemann, die in dem Werk England und Italien enthaltenen Bemerkungen betreffend. In: Deutsches Museum. Oktober 1786. S. 352-385.

6. Arndt, Ernst Moritz: Bruchstücke einer Reise durch einen Teil Italiens im Herbst und Winter 1798 und 1799. 2 Bde. Leipzig 1801.

7. Arnim, Carl Otto von: Reise nach Neapel, Sicilien, Malta und Sardinien, zu Anfang des Jahres 1844. 2 Bde. Leipzig 1845.

8. Aulenbach, Friedrich: Italien, eine Hymne der Natur. Kaiserslautern 1849.

9. Ayrenhoff, Cornelius von: Briefe des General-Majors Cornelius von Ayrenhoff über Italien, in Absicht auf dessen sittlichen und politischen Zustand, an den Grafen von Lamberg. Wien/Leipzig 1789.

10. Bartels, Johann Heinrich: Briefe über Kalabrien und Sizilien. 3 Bde. Göttingen 1787-92.

11. Baumann, Johann: Fußreise durch Italien und Sizilien. 2 Bde. Luzern 1839.

12. Becker, Gottfried Wilhelm: Die Spazierfahrt nach Venedig und Mailand. Leipzig 1840.

13. Benkowitz, Carl Friedrich: Helios der Titan oder Rom und Neapel. Eine Zeitschrift aus Italien von dem Verfasser des Natalis. 3 Hefte. Leipzig 1802-04.

14. Benkowitz, Carl Friedrich: Reise von Glogau nach Sorrent. Vom Verfasser des Natalis. 3 Teile. Berlin 1803-05.

15. Benkowitz, Carl Friedrich: Das italienische Cabinet oder Merkwürdigkeiten aus Rom und Neapel. Leipzig 1804.

16. Benkowitz, Carl Friedrich: Reise von Neapel in die umliegenden Gegenden. Nebst Reminiszenzen von meiner Rückreise nach Deutschland und einigen Nachrichten über das letzte Erdbeben in Neapel. Berlin 1806.

17. Bonstetten, Charles Viktor de: Voyage sur la scène des six derniers livres de l'Enéide. Lausanne 1971.

18. Bonstetten, Charles Viktor de: Gemälde des heutigen Roms. In: Isis. Bd. I. 1805. Nr. 2. S. 142-164. Genf 1805.

19. Bonstetten, Charles Viktor de: L'homme du midi et l'homme du nord ou l'influence du climat. Genf 1824.
20. Borch, Graf von: Briefe über Sizilien und Malta, von dem Herrn Grafen von Borch an H. G. von N. geschrieben im Jahre 1777, als ein Supplement zu den Reisebeschreibungen von H. Brydone. 2 Teile. Bern 1783.
21. Briefe über Italien, geschrieben in den Jahren 1798/99. Anonym. 3 Bde. Leipzig 1802.
22. Brockes, Barthold Heinrich: Selbstbiographie. In: Zeitschrift des Vereins für Hamburgische Geschichte. Bd. 2. 1847. S. 167ff.
23. Brun, Friederike: Prosaische Schriften. 4 Bde. Zürich 1799-1801.
24. Brun, Friederike: Tagebuch über Rom 1795-1796. Zürich 1801.
25. Brun, Friederike: Episoden aus Reisen durch das südliche Deutschland, die westliche Schweiz, Genf und Italien in den Jahren 1801-1805. 3 Bde. Zürich 1806-1809.
26. Brun, Friederike: Sitten- und Landschaftsstudien von Neapel und seinen Umgebungen, in Briefen und Zuschriften entworfen in den Jahren 1809 und 1810, nebst späteren Zusätzen. Leipzig 1818.
27. Brun, Friederike: Römisches Leben. Leipzig 1833.
28. Brun, Friederike: Briefe aus Rom, geschrieben in den Jahren 1808-1810. Dresden 1816.
29. Bürde, Samuel Gottlieb: Erzählung von einer gesellschaftlichen Reise durch einen Teil der Schweiz und des oberen Italiens nebst Auszügen aus Briefen über einige Gemälde. Breslau 1785.
30. Büsching, Anton Friedrich: Große Erdbeschreibung. Bd. 10: Italien. Troppau 1786.
31. Bunsen, Christian von: Bunsen. Nach seinen Briefen und nach eigener Erinnerung geschildert von seiner Witwe. Leipzig 1868-71.
32. Burckhardt, Jacob: Der Cicerone. Eine Anleitung zum Genuß der Kunstwerke Italiens. Basel: Schweighauser 1855.
33. Burckhardt, Jacob: Briefe an einen Architekten. Hrsg. v. H. Trog. München: Müller und Rentsch 1913.
34. Burckhardt, Jacob: Briefe an seinen Freund Friedrich von Preen 1864-1893. Hrsg. v. E. Strauß. Stuttgart/Berlin: Deutsche Verlags-Anstalt 1922.
35. Burckhardt, Jacob: Reisebilder aus dem Süden. Hrsg. v. Werner von der Schulenburg. Heidelberg: Kampmann 1928.
36. Carus, Karl Gustav: Reise durch Deutschland, Italien und die Schweiz im Jahre 1828. Leipzig 1835.
37. Carus, Karl Friedrich: Lebenserinnerungen und Denkwürdigkeiten. Leipzig

1865-66.

38. Charpentier, Toussaint von: Bemerkungen auf einer Reise von Breslau über Salzburg nach Tirol, die südliche Schweiz, nach Rom, Neapel und Pästum im Jahre 1818. 2. Bde. Leipzig 1820.

39. Curtius, Ernst Robert: Goethe, Thomas Mann und Italien. Beiträge in der >Luxemburger Zeitung< (1922-1925). Hrsg. v. Romain Kirt. Bonn: Bouvier 1988.

40. Dalwigk, Reinhard von: Briefe aus Rom und Athen 1850 und 1851. Hrsg. v. seiner Tochter. Oldenburg 1901.

41. Dies, P.C.: Bemerkungen über den Charakter und Sitten der Italiener nebst einer kurzen Beschreibung meiner Reise von Mahon bis Neapel. Göttingen 1790.

42. Eberhard, August Gottlieb: Italien wie es mir erschienen ist. Halle 1839.

43. Eichholz, Johann Heinrich: Neue Briefe über Italien. 4 Bde. Zürich 1806-11.

44. Elsholtz, Franz von: Ansichten und Umrisse aus den Reisemappen zweier Freunde. 2 Bde. Berlin/Stettin 1831.

45. Fahrmbacher, Heinrich: Erinnerungen an Italien, Sizilien und Griechenland aus den Jahren 1826-1844. München 1851.

46. Ferber, Johann Jakob: Briefe aus Welschland über natürliche Merkwürdigkeiten dieses Landes. Prag 1773.

47. Fernow, Karl Ludwig: Über einige neuere Kunstwerke des Herrn Professor Carstens. In: Neuer Teutscher Merkur 1795. Heft 3. S. 158 - 189.

48. Fernow, Karl Ludwig: Sitten- und Kulturgemälde von Rom. Gotha 1802.

49. Fernow, Karl Ludwig: Die Peterskirche in Rom. In: Neuer Teutscher Merkur 1802. Bd. 3. S. 6 -8.

50. Fernow, Karl Ludwig: Das Leben des Künstlers A. J. Karstens. Leipzig 1806.

51. Fernow, Karl Ludwig: Römische Studien. 3 Bde. Zürich 1806 - 08.

52. Fernow, Karl Ludwig: Römische Briefe an Johann Pohrt 1793-1798. Hg. v. Herbert von Einem und Rudolf Pohrt. Berlin 1944.

53. Förster, Friedrich: Briefe eines Lebendigen. 2 Bde. Berlin 1831.

54. Freyberg-Eisenberg, Max von: Tagebücher aus Italien. 1919-1820.

55. Freyberg-Eisenberg, Max von: Tagebücher aus Rom. 1820.

56. Freyberg-Eisenberg, Max von: Tagebücher aus Venedig. München 1823.

57. Freyberg-Eisenberg, Max von: Malerische Reise im oberen Italien. München 1830.

58. Friedländer, Hermann: Ansichten von Italien während einer Reise in den Jahren 1815 und 1816. 2 Bde. Leipzig 1819-20.

59. Frommel, Carl Ludwig: Carl Frommel's pittoreskes Italien. Nach dessen Original- Gemälden und Zeichnungen. Leipzig 1840.

60. Frommel, Max: Durch Welschland. Reisegedanken und Gedankenreisen aus der Brieftasche eines Kandidaten. Stuttgart 1856.

61. Führich, Joseph von: Briefe aus Italien an seine Eltern (1827-1829). Hrsg. v. Lukas von Führich. Freiburg 1883.

62. Führich, Joseph von: Lebens-Erinnerungen. Höchst/Bregenz 1926.

63. Galletti, Johann Georg August: Gallettis Reise nach Italien im Sommer 1819. Gotha 1820.

64. Gaudy, Franz von: Mein Römerzug. Berlin 1836.

65. Gaudy, Franz von: Aus dem Tagebuch eines wandernden Schneidergesellen. Leipzig 1836.

66. Gaudy, Franz von: Venetianische Novellen. 2 Bde. Bunzlau 1838.

67. Gercen, Aleksandr I.: Briefe aus Italien und Frankreich (1848-1849) von einem Russen. Hamburg: Hoffmann und Campe 1850.

68. Gerhard, Wilhelm: Spaziergang über die Alpen. Gotha/Erfurt 1824.

69. Gerning, Johann Isaak von: Reise durch Österreich und Italien. 3 Teile. Frankfurt/M. 1802.

70. Görres, Joseph von: Rom, wie es in Wahrheit ist, aus den Briefen eines dort lebenden Landmanns. Straßburg 1826.

71. Goethe, Johann Caspar: Viaggio in Italia. 2 vol. Roma 1932-33.

72. Goethe, Johann Wolfgang von: Auszüge aus einem Reisejournal. In: Neuer Teutscher Merkur Jg. 1788. Nr. 10. S. 32-49. Nr. 11. S. 97-121. Jg. 1789. Nr. 2. S. 113-131. Nr. 3. S. 229-256.

73. Goethe, Johann Wolfgang von: Das Römische Carneval. Berlin 1789.

74. Goethe, Johann Wolfgang von: Aus meinem Leben: Zweiter Abteilung und Zweiter Teil. (Italienische Reise). Stuttgart/Tübingen 1816-17.

75. Goethe, Johann Wolfgang von: Zweiter Römischer Aufenthalt. 1829.

76. Graß, Carl: Sizilische Reise, oder Auszüge aus dem Tagebuch eines Landschaftsmalers. 2 Bde. Tübingen 1815.

77. Gregorovius, Ferdinand: Wanderjahre in Italien. Leipzig 1870.

78. Gregorovius, Ferdinand: Briefe von Ferdinand Gregorovius an den Staatssekretär Hermann von Thile. Hrsg. v. H. von Petersdorff. Berlin 1894.

79. Gregorovius, Ferdinand: Römische Tagebücher. Hrsg. v. Friedrich Althaus. Stuttgart 1892.

80. Greverus, Johann Paul Ernst: Reiselust in Ideen und Bildern aus Italien und Griechenland. Bd. 1: Reise in Italien. Bremen 1839.

81. Grillparzer, Franz: Grillparzers Briefe und Tagebücher. Ergänzungen zu seinen Werken. Hrsg. v. C. Glossy und A. Sauer. Bd. 1. Stuttgart/Berlin 1903.

82. Grimm, Emil Ludwig: Erinnerungen aus meinem Leben. Hrsg. und erg. v. Adolf Stoll. 1911.

83. Grimm, Jacob: Italienische und skandinavische Eindrücke. In: ders.: Kleinere Schriften. Bd. 1. Berlin 1864. Reprint Hildesheim 1965. S. 57ff.

84. Grund, Johann Jakob: Malerische Reise eines deutschen Künstlers nach Rom. Wien 1789.

85. Haeckel, Ernst: Italienfahrt. Briefe an die Braut 1859-60. Hrsg. v. H. Schmidt. Leipzig 1921.

86. Hagen, Friedrich Heinrich von der: Briefe in die Heimat aus Deutschland, der Schweiz und Italien. 4 Bde. Breslau 1818-21.

87. Hager, Joseph: Reise von Warschau über Wien nach der Hauptstadt von Sizilien. Breslau/Leipzig 1795.

88. Hager, Joseph: Gemälde von Palermo. Berlin 1799.

89. Hahn-Hahn, Ida: Jenseits der Berge. Leipzig 1840.

90. Hahn-Hahn, Ida: Reisebriefe. 2 Bde. Berlin 1841.

91. Hallberg-Broich, Theodor von: Reise durch Italien. Augsburg/Leipzig 1830.

92. Hase, Karl von: Erinnerungen an Italien in Briefen an die künftige Geliebte. Leipzig 1891.

93. Hehn, Viktor: Über die Physiognomie der italienischen Landschaft (1844). In: Aus baltischer Geistesarbeit. Reden und Aufsätze. Hrsg. v. Deutschen Verein in Livland. Riga 1908. S. 76-91.

94. Hehn, Viktor: Italien. Ansichten und Streiflichter. Petersburg 1866; dann Berlin 1879.

95. Hehn, Viktor: Reisebilder aus Italien und Frankreich. Stuttgart/Berlin 1894.

96. Heine, Heinrich: Reisebilder. Bd. 3. Hamburg 1830. Bd. 4. Hamburg 1831.

97. Heinse, Wilhelm: Ardinghello und die glücklichen Inseln. Eine italienische Geschichte aus dem 16. Jahrhundert. Lemgo 1787.

98. Heinse, Wilhelm: Sämtliche Werke. Hrsg. v. Carl Schüddekopf. Bd. 7: Tagebücher aus Italien. Leipzig 1909. Bd. 8, 2: Tagebücher und Aufzeichnungen aus Italien. Leipzig 1925. Bd. 10: Briefe. Leipzig 1910.

99. Herder, Johann Gottfried: Bloß für Dich geschrieben. Briefe und Aufzeichnungen über eine Reise nach Italien. Hg. Walter Dietze und Ernst Loeb. Berlin/DDR 1980.

100. Hildenbrand, H.: Erinnerungen aus meiner Romfahrt. Ravensburg 1899. (2. Aufl.)

101. Hirsch, Georg Ludwig: Reise durch Italien und Frankreich in den Jahren 1752 und 1753. Ansbach 1808.

102. Hirzel, Heinrich: Ansichten von Italien nach neuern ausländischen Reiseberichten, in Verbindung mit einigen Freunden hg.. 2 Bde. Leipzig 1823 - 24.

103. Hölder, Christian Gottlieb: Meine Reise über den Gotthard nach den Borromäischen Inseln und Mailand und von da zurück ... Im Sommer 1801. 2. Bde. Stuttgart 1803-04.

104. Hoffstetter, Gustav von: Tagebuch aus Italien 1849. Zürich 1851.

105. Humboldt, Wilhelm von: Rom. Elegie. In: ders.: Werke. Hrsg. v. A. Leitzmann. Bd. 9: Gedichte. Berlin 1912. Reprint Berlin 1968. S. 23-46.

106. Humboldt, Wilhelm von: Wilhelm und Karoline von Humboldt in ihren Briefen. Hrsg. v. Anna von Sydow. 1906 - 09.

107. Humboldt, Wilhelm von: Briefe. Auswahl von Wilhelm Rößle. München 1952.

108. Humboldt, Wilhelm von: Der Briefwechsel zwischen Friedrich Schiller und Wilhelm von Humboldt. Hrsg. Siegfried Seidel. Berlin/DDR 1962.

109. Ife, August: Fußreise vom Brocken auf den Vesuv und Rückkehr in die Heimat. Leipzig 1820.

110. Jacobi, Georg Arnold: Briefe aus der Schweiz und Italien, in das väterliche Haus nach Düsseldorf geschrieben. 2 Bde. Lübeck/Leipzig 1796-97.

111. Jagemann, Christian Jacob: Briefe aus Italien. 3 Teile. Weimar 1778-85.

112. Jagemann, Christian Joseph: Ehrenrettung Italiens wider die Anmerkungen des Herrn Hauptmann von Archenholtz. In: Deutsches Museum. Mai 1786. S. 387-422. Juni 1786. S. 497-529.

113. Kahlert, August: Erinnerungen an Italien, besonders an Rom. Aus dem Reise-Tagebuch. Breslau 1843.

114. Kalckreuth, Friedrich von: Blätter aus dem Tagebuche meiner Fußreise in Italien im Jahre 1817 bis 1818. In: Askania. Hrsg. v. Wilhelm Müller. 1820. S. 243ff., 344ff., 437ff., 473ff.

115. Kapp, Christian: Italien, Schilderungen für Freunde der Natur und Kunst. Berlin 1837.

116. Keller, Karl Urban: Schönheiten der Natur: gezeichnet auf einer Reise durch Italien in den Jahren 1802 und 1803. Stuttgart 1805.

117. Kephalides, August Wilhelm: Reise durch Italien und Sizilien. 2 Bde. Leipzig 1818.

118. Kestner, August: Römische Studien. Berlin 1850.

119. Kestner, August: August Kestner und seine Zeit, 1777-1853. Das glückliche Leben des Diplomaten, Kunstsammlers und Mäzens in Hannover und Rom. Aus Briefen und Tagebüchern zusammengestellt von Marie Jorns. Hannover 1964.

120. Kiesewetter, Johann Gottfried: Reise durch einen Teil Deutschlands, der Schweiz, Italiens und des südlichen Frankreichs nach Paris. Erinnerungen aus den

denkwürdigen Jahren 1813, 1814 und 1815. 2 Teile. Berlin 1816.

121. Klemm, Gustav: Italica. Dresden/Leipzig 1839.

122. Kölle, Christian Friedrich von: Rom im Jahre 1833. Stuttgart 1834.

123. Kölle, Christoph Friedrich von: Italiens Zukunft. Beiträge zur Berechnung der gegenwärtigen Bewegung. Stuttgart/Augsburg 1848.

124. Kopisch, August: Gedichte. Berlin 1836.

125. Kopisch, August: Agrumi. Volkstümliche Poesie aus allen Mundarten Italiens. Berlin 1837.

126. Kopisch, August: Die Entdeckung der blauen Grotte. Potsdam 1925.

127. Kotzebue, August von: Erinnerungen von einer Reise aus Livland nach Rom und Neapel. 3 Teile. Berlin 1805-1807.

128. Küttner, Carl Gottlob: Reise durch Deutschland, Dänemark, Schweden, Norwegen und einen Theil von Italien in den Jahren 1797, 1798, 1799. 4 Bde. Leipzig 1801.

129. Küttner, Carl Gottlob: Wanderungen durch die Niederlande, Deutschland, die Schweiz und Italien in den Jahren 1793 und 1794. 2 Teile. Leipzig 1796.

130. Kufeke, Kay: Himmel und Hölle in Neapel. Mentalität und diskursive Praxis deutscher Neapelreisender um 1800. Köln 1999.

131. Lehne, Friedrich: Romantische Seereise von Genua nach Neapel (1797). Mainz 1825.

132. Lepel, Bernhard von: Lieder aus Rom. Berlin 1846.

133. Lessing, Gottfried Ephraim: Tagebuch der italienischen Reise 1775. In: ders.: Sämtliche Schriften. Hg. v. K. Lachmann und W. von Maltzahn. Bd. XI. Leipzig 1857.

134. Lessmann, Daniel: Cisalpinische Blätter, oder Leben, Bildung und Sitte im nördlichen Italien. 2 Bde. Berlin 1828.

135. Lewald, Fanny: Römisches Tagebuch. Berlin: Klinkhardt & Biermann 1927.

136. Lewald, Fanny: Italienisches Bilderbuch. Berlin 1847.

137. Lewald, Fanny: Reisebriefe aus Deutschland, Italien und Frankreich. Berlin 1880.

138. Lewald, Fanny: Vom Sund zum Posilip!: Briefe aus den Jahren 1879-81. Berlin 1882.

139. Löbenstein, Julius von: Durchflug durch Italien. Reise-Skizzen. Gotha 1842.

140. Mann, Thomas: Der Tod in Venedig. In: Thomas Mann: Der Tod in Venedig und andere Erzählungen. Frankfurt/M.: Fischer 1965

141. Martens, Georg Matthias von: Reise nach Venedig. 2 Bde. Ulm 1824.

142. Martens, Georg Matthias von: Italien. 3 Bde. Stuttgart 1844-1846.

143. Masing, Woldemar: Der landschaftliche Charakter Italiens. In: Baltische Monatsschrift Bd. 45. Riga 1898. S. 429-455.

144. Matthison, Friedrich von: Erinnerungen. 3 Bde. Zürich 1810-16.

145. Meißner, Alfred: Norbert Norson: Leben und Lieben in Rom. 1810. 1811. Zürich 1883.

146. Mendelsohn-Bartholdy, Clemens: Reisebriefe aus den Jahren 1830-32. Hrsg. v. Paul Mendelsohn-Bartholdy. Leipzig 1869.

147. Menzel, Wolfgang: Reise nach Italien im Frühjahr 1835. Stuttgart 1835.

148. Meyer, Friedrich Johann Lorenz: Darstellungen aus Italien. Berlin 1792.

149. Mittermaier, Karl Josef: Italienische Zustände. Heidelberg 1844.

150. Moltke, Magnus von: Reise durch das obere und mittlere Italien in den Monaten März, April und Mai des Jahres 1832. Hamburg 1833.

151. Morgenstern, Karl: Auszüge aus den Tagebüchern und Papieren eines Reisenden. Reise in Italien. Dorpat/Leipzig 1811-13.

152. Moritz, Karl Philipp: Italien und Deutschland, in Rücksicht auf Sitten, Gebräuche, Literatur und Kunst. Hg. v. K. Ph. Moritz und Aloys Hirt. 6 Hefte. Berlin 1789-1793.

153. Moritz, Karl Philipp: Italienische Sprachlehre für die Deutschen. Nebst einer Tabelle, die italienische Aussprache und Etymologie betreffend. Berlin 1791.

154. Moritz, Karl Philipp: Reisen eines Deutschen in Italien in den Jahren 1786 bis 1788. 3 Bde. Berlin 1792-1793.

155. Motte-Fouque, Friedrich de la: Der Mensch des Südens und der Mensch des Nordens. Sendschreiben in Bezug auf das gleichnamige Werk des Herrn von Bonstetten an den Freiherrn Alexander von Humboldt. Berlin 1829.

156. Müller, Christian: Roms Campagna in Beziehung auf alte Geschichte, Dichtung und Kunst. 2 Bde. Leipzig 1824.

157. Müller, Friedrich: Schreiben Herrn Müllers Mahlers in Rom über die Ankündigung des Herrn Fernow von der Ausstellung des Herrn Professor Carstens in Rom. In: Die Horen. 3 Jg. 1797. 3. Stück. S. 21-44. 4. Stück. S. 4-16.

158. Müller, Gottfried: Reise eines Philhellenen durch die Schweiz und Frankreich nach Griechenland, und zurück durch die Asiatische Türkei und Italien in seine Heimat. 2 Bde. Bamberg 1825.

159. Müller, Wilhelm: Rom, Römer und Römerinnen. Berlin 1820.

160. Müller, Wilhelm: Debora. In: Urania. Taschenbuch auf das Jahr 1828. Leipzig 1828. S. 1-136.

161. Müller, Wilhelm: Erinnerungen aus Florenz. Bacchus in Toscana. In: Urania. Taschenbuch auf das Jahr 1821. Leipzig 1821. S. 443-448.

162. Müller, Wilhelm Christian: Briefe an deutsche Freunde von einer Reise durch

Italien 1820-21. 2 Bde. Altona 1824.

163. Münter, Friedrich: Nachrichten von Neapel und Sizilien, auf einer Reise in den Jahren 178S und 1786 gesammelt. Kopenhagen 1790.

164. Nemnich, Philipp Andreas: Reise durch Italien 1809-10. Tübingen 1810.

165. Nicolai, Gustav: Italien wie es wirklich ist. Bericht über eine merkwürdige Reise in den hesperischen Gefilden, als Warnungsstimme für alle, welche sich dahin sehnen. Leipzig 1834.

166. Niebuhr, Barthold Georg: Lebensnachrichten über B.G. Niebuhr aus Briefen desselben und aus Erinnerungen einiger seiner nächsten Freunde. Hrsg. v. Dora Hensler. Hamburg 1838.

167. Noe, Heinrich: Italienisches Seebuch. Stuttgart 1874.

168. Odeleben, Erhard G. von: Beiträge zur Kenntnis von Italien: vorzüglich in Hinsicht auf die mineralogischen Verhältnisse dieses Landes, gesammelt auf einer im Jahre 1817 unternommenen Reise nach Neapel und Sizilien. 2 Teile. Freiberg 1819-20.

169. Oefele, Aloys von: Bilder aus Italien. Frankfurt 1833.

170. Oswald, Stefan: Italienbilder. Germanisch-Romanische Monatsschrift, Beiheft 6, Heidelberg: Carl Winter 1985, S. 191 - 207

171. Pannasch, Anton: Erinnerungen an Italien in Briefen und vermischte Gedichte. Wien 1826.

172. Parthey, Gustav Friedrich: Wanderungen durch Sizilien und die Levante. 2 Bde. Berlin 1834.

173. Passavant, Johann David: Ansichten über die bildende Kunst. Heidelberg 1820.

174. Paulus, Eduard: Bilder aus Italien. Stuttgart 1870.

175. Platen, August von: Sonette aus Venedig. Erlangen 1825.

176. Platen, August von: Gedichte. 4. Buch: Oden. Stuttgart/Tübingen 1828.

177. Platen, August von: Gedichte. 2. verm. Aufl. 3 Buch: Oden. Stuttgart/Tübingen 1834.

178. Platen, August von: Geschichten des Königreichs Neapel von 1414-1443. Frankfurt/M. 1833.

179. Platen, August von: Tagebücher. Hrsg. v. Georg von Laubmann. Stuttgart 1900.

180. Platner, Ernst; Bunsen, Carl u.a.: Beschreibung der Stadt Rom. Stuttgart 1829-42.

181. Plümicke, Carl M.: Fragmente, Skizzen und Situationen auf einer Reise durch Italien. Goerlitz 1795.

182. Pückler-Muskau, Hermann von: Briefwechsel und Tagebücher. Hrsg. v.

Ludmilla Assing. Bd. 1 Hamburg 1873. Reprint Bern 1971. S. 157-195.

183. Quandt, Gottlob von: Streifereien im Gebiet der Kunst, auf einer Reise von Leipzig nach Italien im Jahre 1813. 3 Teile. Leipzig 1818.

184. Ramdohr, Friedrich Wilhelm von: Über Malerei und Bildhauerkunst in Rom. 3 Bde. Leipzig 1787.

185. Raumer, Friedrich von: Die Herbstreise nach Venedig. 2 Bde. Berlin 1816.

186. Raumer, Friedrich von: Italien. Beiträge zur Kenntnis dieses Landes. Leipzig 1840.

187. Raupach, Ernst B.: Lebrecht Hirsemenzel, eines deutschen Schulmeisters Briefe aus und über Italien. Leipzig 1823.

188. Recke, Elise von der: Tagebuch einer Reise durch einen Teil Deutschlands und durch Italien. In den Jahren 1804 bis 1806. 4 Bde. Berlin 1815-17.

189. Rehfues, Philipp Joseph: Italienische Miszellen. Tübingen 1804-06.

190. Rehfues, Philipp Joseph: Italien. Eine Zeitschrift von zween reisenden Deutschen. Hg. v. Philip Joseph Rehfues und Johann Friedrich von Tscharner. 2 Bde. 1803-04.

191. Rehfues, Philipp Joseph: Neuester Zustand der Insel Sizilien. Tübingen 1807.

192. Rehfues, Philipp Joseph: Gemälde von Neapel und seinen Umgebungen. 3 Teile. Zürich 1808.

193. Rehfues, Philipp Joseph: Briefe aus Italien während der Jahre 1801-1805. 4 Bde. Zürich 1809-10.

194. Reinhard, Karl Friedrich Graf: Basseville's Schatten. Im Angesicht von Rom. Am 4. Mai 1793. In: W. Lang, Basseville's Schatten. Deutsche Rundschau 1885. Nr. 45. S. 250-262.

195. Reuchlin, Hermann: Bilder und Skizzen aus Rom, seinem kirchlichen und bürgerlichen Leben. Stuttgart 1844.

196. Reumont, Alfred von: Römische Briefe von einem Florentiner. 4 Bde. Leipzig 1840-44.

197. Richter. Ludwig: Lebenserinnerungen eines deutschen Malers. Selbstbiographie nebst Tagebuchniederschriften und Briefen. Hrsg. v. Heinrich Richter. Leipzig 1909.

198. Riedesel, Johann Hermann von: Reise durch Sizilien und Großgriechenland. Zürich 1771.

199. Rückert, Friedrich: Gesammelte Gedichte. Erlangen 1836. Darin: Italienische Gedichte.

200. Ruge, Arnold: Lebenserinnerungen. Aus früherer Zeit. Bd. 3. 1836.

201. Ruge, Arnold: Briefwechsel und Tagebuchblätter aus den Jahren 1825-80. Hrsg. v. P. Nerrlich. Bd. 1. Berlin 1886.

202. Rumohr, Carl Friedrich von: Drei Reisen nach Italien. Leipzig 1832.
203. Rumohr, Carl Friedrich von: Italienische Forschungen. 3 Bde. Berlin 1827-1831.
204. Rumohr, Carl Friedrich von: Reise durch die östlichen Bundesstaaten in die Lombardey und zurück über die Schweiz und den oberen Rhein, in besonderer Beziehung auf Völkerkunde, Landbau und Staatswirthschaft. Lübeck 1838.
205. Salis-Marschlins, Karl Ulysses von: Reise in verschiedene Provinzen des Königreichs Neapel. Zürich/Leipzig 1793.
206. Schäffer, Jacob Christian Gottlieb: Briefe auf einer Reise durch Frankreich, England, Holland und Italien in den Jahren 1787 und 1788 geschrieben. 2 Bde. Regensburg 1794.
207. Scheffel, Victor von: Scheffel in Italien. Briefe ins Elternhaus 1852-53. Hrsg. v. W. Zentner. Karlsruhe 1929.
208. Schinkel, Karl Friedrich: Reisen nach Italien. Tagebücher, Briefe, Zeichnungen, Aquarelle. Hrsg. v. G. Riemann. Berlin 1979.
209. Schlegel, August Wilhelm von: Rom. Elegie. In: ders.: Sämtliche Werke. Hrsg. v. E. Böcking. Poetische Werke. 2. Teil. Leipzig 1846. Reprint 1971. S. 21-31.
210. Schlegel, Dorothea: Dorothea von Schlegel, geb. Mendelssohn und deren Söhne Johann und Philipp Veit. Briefwechsel. Im Auftrag der Familie Veit herausgegeben von J. M. Raich. Mainz 1881.
211. Schlegel, Friedrich: Der Briefwechsel Friedrich und Dorothea Schlegels 1818-1820 während Dorotheas Aufenthalt in Rom. Hrsg. v. H. Finke. München 1923.
212. Schlegel, P. C. B.: Italiens reizendste Gefilde. Empfindsam durchwandert von P.C.B. Schlegel. 1814.
213. Schlözer, August Ludwig von: A. L. von Schlözers öffentliches Privatleben ... beschrieben von dessen ältestem Sohne Christian von Schlözer. Bd. 1. Leipzig 1828.
214. Schlözer, Kurd von: Römische Briefe 1864 bis 1869. Stuttgart 1913.
215. Schlözer, Kurd von: Letzte römische Briefe 1882 bis 1894. Stuttgart/Berlin 1924.
216. Schlüter, Andreas: Vielleicht wird man wieder sterben wollen. Wenn man Neapel gesehen hat. In: Frankfurter Allgemeine Zeitung vom 21.03.2002, S. R9.
217. Schnorr von Carolsfeld, Julius: Briefe aus Italien von Julius Schnorr von Carolsfeld, geschrieben in den Jahren 1817 bis 1827. Hrsg. v. Franz Schnorr von Carolsfeld. Gotha 1886.
218. Schubert, Gotthilf Heinrich von: Reise durch das südliche Frankreich und durch Italien. 2 Bde. Erlangen 1827-31.
219. Schücking, Levin: Eine Römerfahrt. Koblenz 1848.

220. Seidler, Louise: Erinnerungen der Malerin Louise Seidler. Hrsg. v. Hermann Uhde-Bernays. Berlin 1922.

221. Seume, Georg: Spaziergang nach Syrakus. Braunschweig/Leipzig 1803.

222. Sickler, Friedrich: Almanach aus Rom für Künstler und Freunde der bildenden Kunst. Hg. Friedrich Sickler und Johann Christian Reinhart. 2 Bde. Leipzig 1810-11.

223. Skizzen von Italien über einige Teile dieses Landes, die es wert sind, sie näher kennenzulernen. Anonym. 1789. Zwote Sammlung 1790.

224. Speth, Balthasar: Die Kunst in Italien. 3 Bde. München 1819-1823.

225. Speyer, Otto: Bilder italienischen Landes und Lebens. Berlin 1859.

226. Stael, Germaine de: Corinna oder Italien. Deutsch von Dorothea Schlegel. Berlin 1807. Nachdruck: München 1979.

227. Stahr, Adolph: Ein Jahr in Italien. 3 Bde. Oldenburg 1847-1850.

228. Stahr, Adolph: Herbstmonate in Italien. Oldenburg 1860.

229. Stahr, Adolph: Herbstmonate in Oberitalien. Oldenburg 1866.

230. Stahr, Adolf; Lewald, Fanny: Ein Winter in Rom. Berlin 1869.

231. Stegmann, Karl-Joseph: Fragmente über Italien aus dem Tagebuch eines jungen Deutschen. 2 Bde. Tübingen 1798.

232. Stein, Christian Gottfried: Reise durch Italien. Leipzig 1829.

233. Steinhart, Heinrich Christoph. Meine Reise nach Italien. Ein Seitenstück zu meiner Reise nach Frankreich. 3 Bde. Berlin 1804-1806.

234. Stieglitz, Heinrich: Erinnerungen an Rom und den Kirchenstaat im ersten Jahre seiner Verjüngung. Leipzig 1848.

235. Stiehr, Wilhelm: Hesperische Blätter. Nachgelassene Schriften. Berlin 1857.

236. Stieler, Karl; Paulus, Eduard; Kaden, Woldemar: Italien. Eine Wanderung von den Alpen zum Aetna. Stuttgart 1866.

237. Stolberg, Friedrich Leopold: Reise in Deutschland, der Schweiz, Italien und Sizilien in den Jahren 1791 und 1792. 4 Bde. Leipzig 1794.

238. Strombeck, Friedrich Karl von: Darstellungen aus einer Reise durch Deutschland und Italien im Jahre 1835. Braunschweig 1836.

239. Sulzer, Johann Georg: Tagebuch einer von Berlin nach den mittaglichen Ländern von Europa in den Jahren 1775 und 1776 getanen Reise und Rückreise. Leipzig 1780.

240. Tagebuch einer Reise nach Italien im Jahre 1794. Anonym. 1802.

241. Thiersch, Friedrich: Reisen in Italien seit 1822. Von Friedrich Thiersch, Ludwig von Schorn, Eduard Gerhard und Leo von Klenze. Leipzig/München 1826. (Der 2. und 3. Teil sind nie erschienen.)

242. Tieck, Ludwig: Gedichte. Faksimiledruck nach der Ausgabe von 1821-23. Heidelberg 1967. 3. Bd.: Reisegedichte eines Kranken. Rückkehr des Genesenden.

243. Tischbein, Johann Heinrich Wilhelm: Aus meinem Leben. 1861.

244. Uklanski, E. T. von: Briefe über Polen, Österreich, Sachsen, Bayern, Italien, Etrurien, den Kirchenstaat und Neapel ... geschrieben auf einer Reise vom Monat Mai 1807 bis zum Monat Februar 1808. 2 Bde. Nürnberg 1808.

245. Üxküll-Gyllenbrand, Emich von: Fragmente über Italien. 1811.

246. Vischer, Friedrich Theodor: Briefe aus Italien von F. Th. Vischer. Hrsg. v. R. Vischer. München 1907.

247. Volkmann, Johann Jacob: Historisch-kritische Nachrichten von Italien. 1770.

248. Waiblinger, Wilhelm: Taschenbuch aus Italien und Griechenland auf das Jahr 1829 und 1830. 2 Bde. Berlin 1829-30.

249. Waiblinger, Wilhelm: Blüten der Musen aus Rom. 1827.

250. Waiblinger, Wilhelm: Gesammelte Werke. Hrsg. v. H. von Canitz. Hamburg 1839-1840. 8. und 9. Bd.: Wanderungen in Italien.

251. Waiblinger, Wilhelm: Werke und Briefe. Textkrit. und komm. Ausg. hrsg. Hans Königer. Bd. 1: Gedichte. Stuttgart 1980.

252. Waiblinger, Wilhelm: W. Waiblingers Briefe aus Italien an seine Eltern. Hrsg. v. E. Breitmeyer. Ludwigsburg 1930.

253. Weber, Karl Julius: Reise in Italien in den Jahren 1807-1808. In: ders.: Sämtliche Werke. Bd. 30. Stuttgart 1844.

254. Wehrhan, Otto Friedrich: Fußreise zweyer Schlesier durch Italien und ihre Begebenheiten in Neapel. Breslau 1821.

255. Weinbrenner, Friedrich: Denkwürdigkeiten aus dem Leben. Hrsg. v. Arthur von Schneider. Heidelberg 1829.

256. Weinlig, Christian Traugott: Briefe über Rom nach Anleitung der davon vorhandenen Prospekte von Piranesi. Dresden 1782-1787.

257. Werner, Zacharias: Ausgewählte Schriften. Hrsg. v. Joseph von Zedlitz. Grimma 1840. Reprint Bern 1970. 1. und 2. Bd.: Gedichte.

258. Winckelmann, Johann Joachim: Sämtliche Werke. Hrsg. v. Joseph Eiselein. Bd. 10, Osnabrück 1965.

259. Wismayr, Joseph: Ephemeriden der italienischen Literatur für Deutschland. Hrsg. v. J. Wismayr. Salzburg 1800-1805.

260. Woyda, Carl: Briefe über Italien geschrieben in den Jahren 1798 und 1799 vom Verfasser der vertraulichen Briefe über Frankreich und Paris. 3 Bde. Leipzig 1802.

II. Sekundärliteratur

II.1 Gesamtbibliographien

2. ---, Apodemiken und Reisehandbücher. Bemerkungen und ein bibliographischer Versuch zu einer vernachlässigten Literaturgattung. In: Das Achtzehnte Jahrhundert. Mitteilungen der Deutschen Gesellschaft für die Erforschung des achtzehnten Jahrhunderts, Jg. 4, H.2, Wolfenbüttel 1980, S. 116-131.

3. ---, Apodemiken. Eine räsonnierte Bibliographie der reisetheoretischen Literatur des 16., 17. und 18. Jahrhunderts. Hrsg. v. Justin Stagl unter Mitarbeit von Klaus Orda und Christel Kämpfer. (Quellen und Abhandlungen zur Geschichte der Staatsbeschreibung und -statistik. QASS. hg. von M. Rassem und J. Stagl) Paderborn/München/Wien/Zürich 1983.

4. ---, La Sicilia tra il Sette e l'Ottocento, Palermo 1965.

5. ---, Viaggiatori stranieri in Sicilia nei secoli XVIII e XIX, Palermo 1964.

6. ---, Viaggiatori stranieri in Sicilia tra il '700 e l'800. L'Europa scopre la Sicilia, Palermo 1963.

7. Avanzi, G.: Bibliografia italiana su Goethe (1779-1965). Florenz 1972.

8. Beckmann, Johann: Literatur der älteren Reisebeschreibungen. 2 Bde. Göttingen 1807/09.

9. Bibliographisches Handbuch der Barockliteratur. Hundert Personalbibliographien deutscher Autoren des siebzehnten Jahrhunderts, Stuttgart 1981.

10. Boucher de la Richarderie, G.: Bibliothèque universelle des voyages, 6 Bde., Paris 1808 (Neuauflage unter dem Titel: Bibliothèque universelle des voyages ou Notice complète et raisonnée de tous les Voyages anciens et modernes dans les différents parties du monde, publiés tant en langue francaise qu'en langues étrangères, classés par ordre de pays dans leur série chronologique; avec des extraits plus ou moins rapides des Voyages les plus estimés de chaque pays, et des jugements motivés sur les Relations anciennes qui ont le plus de célébrité; Slatkine Reprints, Biblioteca del Viaggio in Italia, Genève 1970).

11. D'Ancona, A.: Saggio di una bibliografia ragionata dei viaggi e delle descrizioni d'Italia e dei costumi italiani in lingue stranieri. In: M. de Montaigne, Journal de voyage en Italie, Città di Castello 1889, S. 563-702.

12. Engelmann, W.: Biblioteca Geographica. Verzeichnis der seit Mitte des 18. Jahrhunderts bis 1856 in Deutschland erschienen Werke über Geographie und Reisen. Leipzig 1857.

13. Falzone, G.: Viaggiatori in Sicilia nel '700. In: Almanacco in Sicilia, 1950.

14. Moetter, Gerd van de: Historisch-Bibliographischer Abriß der Deutschen Sizilienreisenden 1600-1900. Messina: Società Messinese di Storia Patria 1991.

15. Samek, S.: Bibliografia di viaggiatori stranieri in Italia. In: Annales institutorum, Bd. VII – X. Rom: 1936-1939.

16. Tresoldi, Lucia: Viaggiatori Tedeschi in Italia 1452-1870. Saggio bibliografico. 2 vol. Roma 1975.

II.2 Monographien, Aufsätze und Artikel in Büchern, Zeitungen und Zeitschriften, Reiseführer, Kataloge, Diverses

1. ---, Anleitungen für reisende Kavaliere. In: Frankfurter Allgemeine Zeitung, 18. 12. 1985, S. 33

2. ---, Achse, Rad und Wagen. 5000 Jahre Kultur- und Technikgeschichte, München 1965.

3. ---, Das Deutschtum in Rom seit dem Ausgang des Mittelalters, 2 Bde. Berlin - Leipzig 1927.

4. ---, Das Elend mit den Betten. Was historische Reiseführer über Deutschlands Gasthöfe berichten. In: Die Zeit, Nr. 50, 5.12.1986, S. 69.

5. ---, Das Gewahrwerden Italiens im 17. Jahrhunderts. In: Kunstchronik und - markt, Jg. 59 (1925), S. 245-249.

6. ---, Das Klassische Land. Wandlungen der Italiensehnsucht, mit 146 Kupfertiefdrucken und 1 Farbtafel, Leipzig 1927.

7. ---, Das Reisen als Kunst und als Wissenschaft (16.-18. Jahrhundert). In: Zeitschrift für Ethnologie (1983), S. 15-34.

8. ---, Der wohl unterwiesene Passagier. Reisekunst und Gesellschaftsbeschreibung vom 16. bis zum 18. Jahrhundert. In: Reisen und Reisebeschreibungen im 18. und 19. Jahrhundert, hg. von G. Robel, B.I. Krasnobaev, H. Zema, Belrin 1980, S. 353-384.

9. ---, Deutsches Kunstleben in Rom, München 1896.

10. ---, Deutschland und Italien. In: Italien-Jahrbuch 3 (1942) S. 29-51.

11. ---, Die Apodemik oder Reisekunst als Methodik der Sozialforschung vom Humanismus bis zur Aufklärung. In: Frühgeschichte der Staatsbeschreibung und - statistik, hg. v. M. Rassem und J. Stagl, Paderborn 1980, S. 131-161.

12. ---, Die Italienreise als Kulturerlebnis. In: Forschungen und Fortschritte, Bd. 17, (1941), S. 60-61.

13. ---, Die Kulturgeschichte der Italienreisen. In: Preußische Jahrbücher, Bd. 229 (1932), S. 13-24.

14. ---, Die Mitglieder der Fruchtbringenden Gesellschaft 1617-1650, Leipzig 1985.

15. ---, Die Reisen des Samuel Kiechel 1585-1589. In: Zeitschrift für Geschichte und Kunst, Jg. XXXIV (1955).

16. ---, Die toskanische Periode des Malers Philipp Hackert (1799-1807). In: Scritti di storia dell'arte in onore di Roberto Salvini, Florenz 1984, S. 551-564.

17. ---, Ein puritanisches Italienerlebnis. In: Deutsche Vierteljahrsschrift (1931), S.

155-185.

18.---, Europäische Romdichtung, 2. Aufl. München 1960.

19.---, Federico Münter e la duchessa di S. Clemente. In: La Critica (1938) S. 230-238.

20.---, Ferdinand Albrecht Duke of Braunschweig-Lüneburg and the Tradition of the Seventeenth German Travel Literature, Wolfenbüttel 1987.

21.---,Festschrift für W. Waetzold zum 60. Geburtstage. Beiträge zu den Kulturbeziehungen zwischen Norden und Süden. Mit einer Tafel und 105 Textabbildungen, Berlin 1941.

22.---, Französische Italien-Reisende des XVIII. Jahrhunderts. In: Arcadia. Zeitschrift für vergleichende Literaturwissenschaft 19, (1984) S. 1-19.

23.---, Frontiere tra Nord e Sud. Viaggiatori europei a Malta e in Sicilia. In: 50. Congresso Mondiae P.E.N. Club Internationl. Centro P.E.N. della Svizzera Italiana e tetoromanicia. Lugano 10-17 maggio 1987 (Mondadori), 1987, S. 235-236.

24.---, Geschichte und Sozialwissenschaften - Die >longue durée<. In: Geschichte und Soziologie, hrsg. v. H.-U. Wehler, Köln 1976, S. 189-215.

25.---, Gesellschaftpolitische Tendenzen in der Reisebeschreibung des ausgehenden 18. Jahrhunderts. In: Reise und soziale Realität am Ende des 18. Jahrhunderts, hg. von W. Griep, H.-W. Jänger, Heidelberg 1983, S. 32-48.

26.---, Goethe et les voyageurs et écrivains allemands à Venise au XVIIIe siècle. In: Viaggiatori stranieri a / Voyageurs etrangers a / Foreign Travellers in Venezia. Atti del Congresso dell'ateneo Veneto 13-15 ottobre 1979. Test raccolti da Emanuele Kanceff e Gaudenzio Boccazzi, (biblioteca del Viaggio in Italia, Studi 9), Genf 1971, S. 81-97.

27.---, Goethe und der >Unsinn des Prinzen Pallagonia<. In: Neue Züricher Zeitung, 19.4.1971, S. 50.

28.---, Goethe und Kniep in Sizilien. In: Jahrbuch der Sammlung Kippenberg, Köln u. Berlin, S. 201-327.

29.---, Introduzione. In: Goethe. Diario del Viaggio in Italia per la Signora von Stein,, a cura di Dario de Tuoni, Turin 1957, S. I-XXXIX.

30.---, Introduzione alle susseguenti lettere, Avvertenza. In: Johann Caspar Goehte, Viaggio in Italia (1740). Prima edizione a cura e con introduzione di Arturo Farinelli per incarico della Reale Accademia d'Italia, Bd. I, S. VII-XI, 1-10.

31.---, Italienreisen im 17. und 18. Jahrhundert, (Römische Forschungen der Biblioteca Hertziana, Bd. 15) Wien/München 1959.

32.---, Jäger, H. (Hrsg.), Reisen und soziale Realität am Ende des 18. Jahrhunderts, Heidelberg 1983.

33.---, Johann Caspar Goethe. Pagine del viaggio Italico. In: Nuova Antologia (1932) S. 148-165.

34.---, Johann Hermann von Riedesel, Freund Winckelmanns, Mentor Goethes, Diplomat Friedrichs des Grossen. In: ders.: Götterstille und Göttertrauer. Aufsätze zur deutsch-antiken Begegnung, München 1951, S. 202-247.

35.---, La Sicilia tra il Sette e l'Ottocento, Palermo 1965.

36.---, Le Congrès de Littérature comparée à Venise, 25-30 septembre 1955. In: Revue des Etudes Italiennes, Bd. III (1956), S. 77.

37.--- , Les nouveaux horizons de la Renaissance, Paris 1935.

38.---, L'Europe des Lumières, Paris: La Haye 1971.

39.---, Le >Voyage en Italie< de Goethe. Paris 1945.

40.---, L'Italia nella letteratura tedesca dell'età classico-romantico. In: Sensibilità e razionalità nel Settecento, a cura di Vittore Branca, Florenz 1967.

41.---, L'Italia nello specchio del Grand Tour. In: Storia d'Italia. Annali 5: Il paesaggio, Turin 1982, S. 127-236.

42.---, Literarisches Klischee und lebendige Erfahrung. Über das Bild des Deutschen in der italienischen Literatur und des Italieners in der deutschen Literatur, Düsseldorf 1970.

43.---, Memorialisti e diaristi a Firenze nel periodo leopoldino 1765-1790. In: Annali della Scuola Normale Superiore di Pisa, Classe di lettere e filosofia, Serie III, IX (1979) S. 1189-1291.

44.---, Nel primo centario della morte del Platen. In: Studi Germanici (1935) S. 562-571.

45.---, Oberrheinische Studenten im 16. und 17. Jahrhundert auf der Universität Padua. In: Zeitschrift für die Geschichte des Oberrheins, Bd. 15 (1900) S. 198-230.

46.---, Philipp Hackerts Ansichten griechischer Tempel in Sicilien (1777). In: Berlin und die Antike, 1979, S. 363-377.

47.---, Putignao in terra di Bari e il maestro d'italiano di Volfango Goehte, Bari 1938.

48.---, Reisebilder aus Italien. Berichte und Erlebnisse schwäbischer Italienfahrer aus drei Jahrhunderten. Gesammelt und erläutert von Dorothea Kuhn, Stuttgart 1968.

49.---, Reiseliteratur im 18. Jahrhundert. In: Das Land der Griechen mit der Seele suchend. Bilder- und Reisebeschreibungen von Pausanias bis Grillparzer. Ausstellung der Universitätsbibliothek Graz, Graz 1981, S. 25-30.

50.---, Revolution und Reaktion im Jakobinismus. Zur Agrarpolitik der italienischen und deutschen Jakobiner. In: Quellen und Forschungen aus italienischen Archiven und Bibliotheken Bd. 59 (1979), S. 296-333.

51.---, Städtische Kultur in Italien zwischen Hochrenaissance und Barock. Eine historische Anthropologie. Aus dem Englischen von Wolfgang Kaiser, Berlin 1987.

52.---, The interpretation on Italy during the last two centuries, Chicago 1907.

53. ---, Tizians Poesie für König Philipp II. von Spanien. In: Sitzungsberichte der Wissenschaftlichen Gesellschaft an der Johann Wolfgang Goethe-Universität Frankfurt Bd. 7, N. 40 (1980).

54. ---, Una bibliografia sui viaggiatori Tedeschi in Italia. In: Bollettino del C.I.R.V.I. Centro Interuniversitario di Ricerche sul >Viaggio in Italia<, a cura di Emanuele Kanceff, Jan.-Juni 1980, Jg. I, S. 63-66.

55. ---, Viaggiatori stranieri in Sicilia tra il '700 e l'800. L'Europa scopre la Sicilia, Palermo 1963.

56. ---, Viaggiatori stranieri in Sicilia nei secoli XVIII e XIX. Palermo 1964.

57. ---, Volfango Goethe e il poeta vicentino F. Berlendi. In: Ateneo Veneto (1943), S. 11-25.

58. ---, Von Reiselust und Reiseleid. Eine Kulturgeschichte des Reisens in Deutschland, Frankfurt/M. /Leipzig 1977.

59. ---, Zum Thema der Auslandsreisen im 18. und 19. Jahrhunderts. In: Archiv für Kulturgeschichte 35 (1953) S. 328-333.

60. ---, Zur Sozialpsychologie der Mafia. In: Kölner Zeitschrift für Soziologie und Sozialpsychologie, Jg. XXI, hrsg. v. René König, S. 289-303.

61. ---, Die deutschen Reiseschreiber über Italien. In: Deutsche Vierteljahresschrift, 3, 1840, S. 83-99.

62. Adams, P.G.: Travellers and travel liars 1660-1800. Berkeley 1962.

63. Alfero, G.A.: I viaggi di Heinrich von Treitschke e la Sicilia. In: Studi critici in onore di G.A. Cesareo, Bd. 1, Palermo 1924, S. 436-452.

64. Alten, Friedrich von: Aus Tischbeins Leben und Briefwechsel mit Amalia Herzogin zu Sachsen-Weimar [...], hrsg. v. Friedrich von Alten. Leipzig: Seemann 1872.

65. Altenhofer, N.: Heines italienische Reisebilder. In: Jahrbuch des Freien Deutschen Hochstifts 1986, S. 293-316.

66. Altgeld, Wolfgang: Das politische Italienbild der Deutschen zwischen Aufklärung und europäischer Revolution von 1848 (Bibliothek des Deutschen Historischen Instituts in Rom, Bd. 59). Tübingen 1984.

67. Altgeld, Wolfgang: Deutsche Romantik und Geschichte Italiens im Mittelalter. In: R. Elze und P. Schiera (Hg.): Das Mittelalter im 19. Jahrhundert in Italien und Deutschland. Bologna, Berlin 1988, S. 193-220.

68. Altgeld, Wolfgang: Giuseppe Garibaldi in zeitgenössischer Sicht von der Verteidigung Roms bis zur Niederlage bei Mentana (1848-1867). In: Risorgimento: Revue européenne d'histoire italienne contemporaine, 3, 1982, S. 169-199.

69. Altgeld, Wolfgang: Zur Rezeption der Risorgimento-Literatur in Deutschland vor 1848. In: Risorgimento: Revue européenne d'histoire italienne contemporaine,

3, 1982, S. 13-32.

70. Altgeld, Wolfgang und Lucas, K.-H.: Giuseppe Mazzini und Gottfried Kinkel. In: Jahrbuch des Italienisch-Deutschen Historischen Instituts in Trient, 2, 1985, S. 221-260.

71. Ambroise, Claude: La cosa scritta tra ossessione e finzione nell'opera di Leonardo Sciascia. S. 165-180.

72. Ambrosio, Luisa: All'ombra del Vesuvio. Napoli nella veduta europea dal Quattrocento all'Ottocento. Castel Sant'Elmo Neapel 1990. Neapel: Electa 1990.

73. Amelunxen, Hubertus von: Die aufgehobene Zeit. Die Erfindung der Photographie durch William Henry Fox Talbot. Berlin 1989.

74. Androsov, S.: Some Works of Algardi from the Farsetti Collection in the Hermitage. In: Burlington Magazine 1983, S. 77-83.

75. Anonymus: Vertrauliches Schreiben eines in Italien reisenden Deutschen. In: Allgemeine politische Annalen, 8, 1822, S. 143-176.

76. Ara, Angelo; Lill, Rudolf: Immagini a confronto: Italia e Germania: dal 1830 all'unificazione nazionale. Deutsche Italienbilder und italienische Deutschlandbilder. Bologna: Soc. Ed. Il Molino u. a.: 1991.

77. Archivio Fotografico Comunale: Un Inglese a Roma. 1864-1877. La Raccolta Parker nell'Archivio Fotografico Comunale. Rom 1989.

78. Arens, Franz: Italien in der deutschen Literatur. In: Die Literatur 38. 1935/36. S. 471-473.

79. Armelung, P.: Das Bild des Deutschen in der Literatur der italienischen Renaissance (1400-1559), (Münchner Romanische Arbeiten). München 1904.

80. Arndt, Ernst Moritz: Sehnsucht nach der Ferne. Die Reise nach Wien und Venedig. (1789), hrsg. v. E. Ptak-Wiesauer. Stuttgart/Wien 1988.

81. Arndt, Ernst Moritz: Versuch in vergleichender Völkergeschichte. Leipzig 1843.

82. Arndt, Ernst Moritz : Bruchstücke einer Reise durch einen Theil Italiens im Herbst und Winter 1798 und 1799, Theil 1, Leipzig: Gräff 1801.

83. Asmus, Gesine (Hrsg.): Rom in frühen Photographien. 1846-1878; aus römischen und dänischen Sammlungen. München: Schirmer-Mosel 1988.

84. Atkinson, G.: Les relations de voyage au XVIIIe siècle et l'évolution des idées. Paris 1924.

85. Augel, J.: Italienische Einwanderung und Wirtschaftstätigkeit in rheinischen Städten des 17. und 18. Jahrhunderts, phil. Diss. Bonn 1971.

86. Ausländer, Rose: Mein Venedig versinkt nicht: Gedichte. Frankfurt: Fischer 1982.

87. Aymard, Maurice; Braudel, Fernand; Duby, Georges: Die Welt des

Mittelmeeres: Zur Geschichte und Geographie kultureller Lebensformen. Frankfurt/M. S. Fischer 1987.

88. Baeumer, Max L.: Nachwort zu Wilhelm Heinse, Ardinghello. Kritische Studienausgabe. Stuttgart 1975. S. 641-718.

89. Baier, Wolfgang: Quellendarstellungen zur Geschichte der Fotografie. München 1977.

90. Bailey, Colin J.: German Nineteenth Century Drawings (= Ashmolean Museum Oxford, Catalogue of the Collection of Drawings, vol. V). Oxford 1987.

91. Baisch, Otto: Johann Christian Reinhard und seine Kreise. Ein Lebens- und Kulturbild. Leipzig 1882.

92. Baltrusaitis, Jurgis: Der Spiegel. Entdeckungen, Täuschungen, Phantasien. Gießen 1986.

93. Bassi, E. (Hrsg.): Venezia nell'età di Canova 1780-1830. Venedig 1987.

94. Battafarano, I.M.: Italienische Reise - Reisen nach Italien. Trento 1986 (Studi e testi di germanistica e di comparatistica 2).

95. Bauer, M. (Hrsg.): Sittengeschichte des Hafens und der Reise. Eine Beleuchtung des irdischen Lebens in der Hafenstadt, im Motel, im Reisevehikel; die Sexualität des Kulturmenschen während des Reisens und im fremden Milieu. Wien/Leipzig 1927.

96. Becchetti, Piero: Fotografi e fotografia in Italia 1838-1880. Rom 1978.

97. Becchetti, Piero: Giacomo Caneva e la scuola fotografica romana 1847-1855. Rom/Florenz 1989.

98. Becchetti, Piero: Immagini della Campagna Romana, 1853-1915. Rom 1983.

99. Becchetti, Piero; Pietrangeli, Carlo: Roma in dagherrotipia. Rom 1979.

100. Becchetti, Piero: Un inglese fotografo a Roma. Robert MacPherson. Rom 1987.

101. Beck, C.: Deutsches Reisen im Wandel der Jahrhunderte. Berlin 1936.

102. Becker, Carolyn Oglesby: From the Jacobins to the Young Germans: The Travel Literature in Germany from 1785 to 1840. Diss. Wisconsin 1974.

103. Beckmann, Johann: Literatur der älteren Reisebeschreibungen. Nachrichten von ihren Verfassern von ihrem Inhalte, von ihren Ausgaben und Übersetzungen, 2 Bde. Göttingen 1807-1809.

104. Beckmann, J.C.: Historie des Fürstenthums Anhalts, 2 Bde. Zerbst 1710.

105. Bekh, W.J.: Ein Wittelsbacher in Italien. Das unbekannte Tagebuch Kaiser Karls VII. München 1971.

106. Belloni, Coriolano: I pittori di Olevano. Roma 1970.

107. Bénédite, Leonce: La peinture au XIXième siècle. Paris o. J.

108. Benjamin, Walter: Goethe. In: Walter Benjamin, Gesammelte Schriften, hg. von Rolf Tiedemann, Hermann Schweppenhauser [...], Bd. II, 2 (=Aufsätze, Essays, Vorträge). Frankfurt: Suhrkamp 1977

109. Benn, Gottfried: >Ach das ferne Land<. In: Gottfried Benn, Gesammelte Werke in 4 Bänden, hrsg. v. Dieter Wellershoff, Bd. 3 (= Gedichte), Wiesbaden: Limes-Verlag 1966.

110. Benz, Richard: Goethe und die romantische Kunst. München o. J.

111. Bepler, J.: Rezensionen. In: Wolfenbütteler Notizen zur Buchgeschichte, Jg. X, H.2, 1985, S. 85-88.

112. Berengo, M.: La società veneta alla fine del Settecento, ricerche storiche, (Biblioteca Storica Sansoni). Florenz 1956.

113. Berg, J.: Ältere deutsche Reiseschilderungen, phil. Diss. Gießen 1912.

114. Bergsträsser, Gisela: Johann Heinrich Schilbach. Ein Darmstädter Maler der Romantik. Darmstadt 1959.

115. Bernhard, Marianne (Hrsg.): Deutsche Romantik. Handzeichnungen. Mit einem Nachwort von Petra Kipphoff. 2 Bde., München 1973.

116. Berns, Jörg Jochen: Peregrinatio academica und Kavalierstour. Bildungsreisen junger Deutscher in der frühen Neuzeit. In: Wiedemann, Conrad (Hrsg.): Rom - Paris - London. Erfahrung und Selbsterfahrung deutscher Schriftsteller und Künstler in den fremden Metropolen; ein Symposion. Stuttgart: Metzler, 1988. S. 155-181.

117. Bertaux, Pierre: Gar schöne Spiele spiel' ich mit dir!: Zu Goethes Spieltrieb. Frankfurt: Insel Verlag 1986.

118. Bertelli, Carlo; Giulio Bollati: L'immagine fotografica 1845-1945. In: Storia d'Italia, Annali 2, Bd.1. Turin 1979.

119. Berthold, M., Joseph Furttenbach: Architekturtheoretiker und Stadtbaumeister in Ulm. Ein Beitrag zur Theater-und Kunstgeschichte, phil. Diss. München 1951.

120. Bertrand, E.: Venedig im Spiegel der Relazionen des 18. Jahrhunderts. Berlin 1925.

121. Bettex, Albert: Goethe und die Kunst des Reisens. In: Goethe: Neue Folge des Jahrbuchs der Goethe-Gesellschaft. Weimar: Böhlau 1949, Bd. 11, S. 31-45.

122. Betthausen, Peter: Joseph Anton Kochs Römische Ansichten und die Geschichte der graphischen Vedute. In: H. W. Fichter (Hrsg.): Spaziergänge in Italien (= Gedruckte Kunst Bd.1). Frankfurt/M. / Berlin 1994, S. 15-24.

123. Bevilacqua, Piero: Venedig und das Wasser. Ein Gleichnis für unseren Planeten. Edition Pandora, Bd. 37. Frankfurt/M.: Campus, 1998.

124. Bierbaum, Otto Julius: Eine empfindsame Reise im Automobil von Berlin nach Sorrent und zurück an den Rhein. In Briefen an Freunde geschildert. Berlin: Julius Bard 1903.

125. Billeter, Erika: Malerei und Photographie im Dialog. Von 1840 bis heute. Bern: Benteli Verlag 1977.
126. Bircher, Martin (Hrsg.): Die Fruchtbringende Gesellschaft. Quellen und Dokumente in 4 Bden. München: Kösel 1974.
127. Biscardo, Roberto: Il pittore Filippo Hackert e le sue memorie redatte dal Goethe. In: ders.: Studi di letteratura tedesca. Neapel 1937, S. 39-57.
128. Bischoff, Ulrich (Hrsg.): Ernst Ferdinand Oehme, 1797-1855. Ein Landschaftsmaler der Romantik. Staatliche Kunstsammlungen Dresden – Albertinum; Museum für Kunst und Kulturgeschichte der Hansestadt Lübeck 1997. Dresden: Neumeister 1997.
129. Bisinger, Gerald; Höllerer, Walter (Hg.): Das literarische Profil von Rom. Literarisches Colloquium Berlin, 1970.
130. Blunt, Anthony: Artistic Theory in Italy 1450-1600. Oxford: Clarendon Press 1956.
131. Bock, Henning; Müller, Johann H. (Hg.): Berliner Biedermeier von Blechen bis Menzel. Ausstellung Kunsthalle Bremen 1967. Bremen: Hauschild 1967.
132. Bode, Wilhelm: Goethe in vertraulichen Briefen seiner Zeitgenossen: auch eine Lebensgeschichte, zusammengestellt von Wilhelm Bode. Reprint. Bern: Lang 1969.
133. Boerner, C.G.: Versteigerungskatalog 195: Neuere deutsche Handzeichnungen. Leipzig 19.6.1937.
134. Boerner, C.G.: Versteigerungskatalog 199: Deutsche Handzeichnungen der Romantikerzeit. Leipzig 25.5.1938.
135. Böhme, Max: Die großen Reisesammlungen des 16. Jahrhunderts und ihre Bedeutung: Straßburg 1904.
136. Böhmel Fichera, Ulrike: Italien von und für Frauen gesehen. In: Deutsches Italienbild und italienisches Deutschlandbild im 18. Jahrhundert. Hg. v. Klaus Heitmann und Teodore Scamardi. Tübingen: Max Niemeyer 1993, S. 60-71.
137. Böhmer, Heinrich: Luthers Romfahrt. Leipzig 1914.
138. Bohnenblust, Gottfried: Italien in der Dichtung der deutschen Schweiz. In: ders.: Vom Adel des Geistes. Zürich 1944. S. 435-452.
139. Bona, C.: Le amicizie. Società segrete e rinascita religiosa (1770-1830), Turin 1962.
140. Boner, E.G.: L'Italia nell'antica letteratura tedesca. In: Nuova Antologia 1887, S. 424-450.
141. Bonnaffé, E.: Voyage et voyageurs de la Renaissance. Paris 1895.
142. Bopp, Petra (Hrsg.): Mit dem Auge des Touristen. Zur Geschichte des Reisebildes. Eine Ausstellung des Kunsthistorischen Instituts der Universität Tübingen in der Kunsthalle Tübingen 1981 (Ausstellungskataloge der Universität

Tübingen; 14).

143. Borchardt, Rudolf: Der Deutsche in der Landschaft. München 1927.

144. Bordini, Silvia: Aspetti del rapporto pittura-fotografia nel secondo Ottocento. In: Enrico Castelnuovo (Hrsg.): La Pittura in Italia. L'Ottocento, Bd. 2. Mailand 1991, S. 581-601.

145. Borghese, L.: Karl Hillebrand - Mostra di documenti. Firenze, Palazzo Strozzi, 2-19 novembre 1984 (Istituto Universitario Europeo. Università degli Studi di Firenze. Gabinetto G.P. Vieusseux. (Ausstellungskatalog)

146. Borroni-Salvadori, F.: Settecentisti Tedeschi per illustrare la Biblioteca Palatina. Mostre XXIII, (Esposizione allestita nell'ingresso della Biblioteca, a cura del Gabinetto Stampe, 2 Dicembre 1985 - 31 Maggio 1986), Florenz 1986.

147. Bosl, K.: Italienisch-deutsche Kulturbeziehungen im 17. Jahrhundert, vornehmlich in dessen zweiter Hälfte. In: Zeitschrift für bayrische Landesgeschichte (1967) S. 507-525.

148. Bott, Elisabeth: Ernst Fries (1801-1833). Studien zu seinen Landschaftszeichnungen. Phil. Diss. Heidelberg 1978.

149. Bott, Gerhard (Hrsg.): >Es ist nur ein Rom in der Welt<. Zeichnungen und Bildnisse deutscher Künstler in Rom um 1800. Eine Ausstellung des Wallraf-Richartz-Museum. Köln 1977.

150. Bott, Gerhard; Spielmann, Heinz (Hg.): Künstlerleben in Rom. Bertel Thorvaldsen (1770-1844). Der dänische Bildhauer und seine deutschen Freunde. Germanisches Nationalmuseum Nürnberg 1991/92.

151. Boulby, Mark: K. Ph. Moritz: At the Fringe of genius. Toronto 1979.

152. Bouqueret, Christian; François Levi (Hg.): Les photographes français en Italie: 1840-1920. Lyon 1989.

153. Bramsen, Henrik; Brøns, Marianne; Ochsner, Bjørn: Early Photographs of architecture and views in two Copenhagen Libraries. Kopenhagen 1957.

154. Brandi, K.: Die Renaissance in Florenz und Rom, 3. Aufl. Leipzig 1900.

155. Braudel, Fernand: La Méditerranée et le monde méditerranéen a l'époque de Philippe II, 4. Aufl. Paris 1979.

156. Braur, L.: Die Pilgerreise des Landgraven V. von Hessen-Darmstadt nach dem Heiligen Grabe. In: Archiv für Hessische Geschichte und Altertumskunde, 1845.

157. Brenner, Peter J.: Der Reisebericht in der deutschen Literatur. Ein Forschungsüberblick als Vorstudie zu einer Gattungsgeschichte. 2. Sonderheft der Internationalen Archivs für Sozialgeschichte der deutschen Literatur. Tübingen: Niemeyer 1990.

158. Brieger, Peter: Zur Geschichte des Kunsturteils (nach Reiseberichten Deutscher in Italien in dem Zeitraum von 1550 bis Winckelmann und Goethe), phil. Diss. Breslau 1926.

159. Brilli, Attilio: Als Reisen eine Kunst war. Vom Beginn des modernen Tourismus: Die >Grand Tour<. Berlin 1997.

160. Brilli, Attilio: Reisen in Italien. Die Kulturgeschichte der klassischen Italienreise vom 16. bis 19. Jahrhundert. Köln 1990 (2. Auflage).

161. Bringmann, M.: Deutsch-römische Kunst im Spiegel der zeitgenössischen Kritik. In: Chr. Heilmann (Hrsg.): >In uns selbst liegt Italien<. Die Kunst der Deutsch-Römer. München: Hirmer 1987.

162. Brinitzer, Carl: Deutsche Dichter führen nach Italien: Ein Reise-Handbuch. Mainz/Berlin: Kupferberg 1964.

163. Brinkmann, Richard: Nördliche Wien-Reisende im 18. Jahrhundert. In: ders.: Wirklichkeiten. Essays zur Literatur. Tübingen 1982.

164. Brizzi, Bruno: Roma cento anni fa nelle fotografie della raccolta Parker. Roma 1975.

165. Brizzi, G.P.: La pratica del viaggio d'istruzione in Italia nel Sei- Settecento. In: Annali dell'Istituto storico italo-germanico in Trento, Bd. 2 (1976) S. 203-291.

166. Brown, Horatio F.: Life on the Lagoons. London 1909.

167. Brugi, Biagio: Gli scolari dello Studio di Padova nel cinquecento. Padua 1905.

168. Brunetti, Mario: Il soggiorno veneziano di Giovanni Gaspare Goethe. In: Rivista di Venezia, Bd. XI (1932) S. 266-275.

169. Buck, August: Aurelio de'Giorgio Bertòlas Deutschlandbild. In: Heitmann, Klaus; Scamardi, Teodoro: Deutsches Italienbild und italienisches Deutschlandbild im 18. Jahrhundert. Reihe der Villa Vigoni Bd. 9. Tübingen: Max Niemeyer, 1993. S.161-169.

170. Buddemaier, Heinz: Panorama, Diorama, Photographie. Entstehung und Wirkung neuer Medien im 19. Jahrhundert. München 1970.

171. Bugli, Maria (Hrsg.): Fotografia Italiana dell'Ottocento. Mailand: Electa Ed. 1979.

172. Bühnau, Ludwig: Entdeckung im Zeichen des Glaubens. Reisen und Pilgerfahrten in der Welt des Mittelalters, Würzburg: Arena 1965.

173. Burckhardt, Carl J.: Der Honnête Homme. Das Eliteproblem im 17. Jahrhundert. In: ders.: Gestalten und Mächte, Zürich 1961, S. 339f.

174. Burckhardt, Jacob: Briefe. Vollständige und kritische Ausgabe. Mit Benützung des handschriftlichen Nachlasses, bearb. von Max Burckhardt, 10 Bde., Basel/Stuttgart 1949-1994, Bd. 6, 1969.

175. Burckhardt, Jacob: Der Cicerone. Eine Anleitung zum Genuß der Kunstwerke Italiens, Neudr. d. Urausg. Stuttgart 1978.

176. Burckhardt, Jacob: Schilderungen aus Italien. In: Kölnische Zeitung, Nr. 200, 201, 19. 20.7.1846. Zit. in: Oswald, J. (Hrsg.): Unbekannte Aufsätze Jacob

Burckhardts aus Paris, Rom und Mailand. Basel 1922, S. 135-149, S. 135.

177. Burke, Peter: Die Renaissance in Italien. Sozialgeschichte einer Kultur zwischen Tradition und Erfindung. Aus dem Englischen von R. Kaiser. Berlin 1984.

178. Busch, Bernd: Belichtete Welt. Eine Wahrnehmungsgeschichte der Fotografie. München 1989.

179. Busch, Günter (Hrsg.): Da Aquarell von Dürer bis Nay; Meisterwerke aus sechs Jahrhunderten aus dem Besitz der Kunsthalle Bremen. Staatliche Kunsthalle Baden-Baden 10. August bis 29. September 1985.

180. Butterfass, Theodor: Goethe und die Wissenschaft von der Pflanze. In: Allerhand Goethe, hg. v. D. Kimpel u. J. Pompetzki, Frankfurt/M. u.a.: Lang 1985, S. 165-180

181. Cacciapaglia, Giacomo: Scrittori di lingua tedesca e Venezia - Deutschsprachige Schriftsteller und Venedig. La stamperia di Venezia editrice, Venedig 1985.

182. Cacciari, M.: Dialettiche classico-romantiche. In: AA.VV. Classici e romantici tedeschi in Italia. A cura di C. Keisch, Venedig 1977, S. 7-16.

183. Camarrone, Giovanna: Padre Giuseppe Sterzinger. Bibliotecario e Bibliografo. Tesi di Laureau. Facoltà di Lettere e Filosofia. Palermo anno accademico 1950.

184. Camerini, Paolo: Il Duca di Brunswich e il suo soggiorno a Piazzola. In: ders., Piazzola, Mailand 1929, S. 265-280.

185. Camerino, Guiseppe Antonio: >Le cose più rare<: la Germania di Gian Lodovico Bianconi. In: Deutsches Italienbild und italienisches Deutschlandbild im 18. Jahrhundert. Reihe der Villa Vigoni Bd. 9. Tübingen: Max Niemeyer, 1993. S.137-147.

186. Cart, Théophile: Goethe en Italie. Lausanne 1881.

187. Cavazzi; Lucia (Hrsg.): Pittori, fotografi a Roma, 1845-1870. Immagini dalla raccolta fotografica comunale. Palazzo Braschi 1987. Rom: Multigrafica Ed. 1987.

188. Cernohous, Hildegard: Das Gesicht Italiens in den deutschen Briefen, Reisebeschreibungen und Novellen des 19. Jahrhunderts gezeigt an einer Auswahl von Dichtern. Diss. Wien 1937.

189. Cesare, Carlo de: La Germania moderna. Roma 1872.

190. Chiellino, Carmine: Italien. Geschichte, Staat und Verwaltung, Bd.1. München: Beck 1981.

191. Chiusano, Italo A.: Vita di Goethe. Mailand: Rusconi 1981.

192. Clarke, Michael; Penny, Nicholas: The Arrogant connoisseur: Richard Payne Knight, 1751-1824. Manchester: Manchester University Press 1982.

193. Coke, Van Deren: The Painter and the Photograph: From Delacroix to Warhol.

Albuquerque 1972.

194. Conermann, Klaus: War die Fruchtbringende Gesellschaft eine Akademie? Über das Verhältnis der Fruchtbringenden Gesellschaft zu den italienischen Akademien. In: Sprachgesellschaften, Sozietäten, Dichtergruppen, hrsg. v. M. Bircher, Hamburg 1978, S. 103-150.

195. Conrads, Norbert: Politische und staatsrechtliche Probleme der Kavalierstour. In: Reiseberichte als Quellen europäischer Kulturgeschichte, (Wolfenbütteler Forschungen Bd. 21), Wolfenbüttel 1981, S. 45-64.

196. Conrady, Karl Otto: Das große deutsche Gedichtbuch, hrsg. v. Karl Otto Conrady. Kronberg/Ts.: Athenäum 1977.

197. Corboz, André: Canaletto. Una Venezia immaginaria. Bd.1. Mailand 1985.

198. Cornelius, Auguste: Goethe en Italie. Bluette drammatique en un acte. Berlin: Janke 1867.

199. Costantini, Paolo: Dall'immagine elusiva all' immagine critica. In: Fotologia, Nr. 3 (1985), S. 12-29.

200. Costantini, Paolo: Pietro Selvatico: fotografia e cultura artistica alla metà dell'Ottocento. In: Fotologia, Nr. 4 (1985), S. 54-67.

201. Costantini, Paolo: >Una rivoluzione nell'arte del disegno<. L'ingresso della fotografia nella produzione d'immagine di Venezia. In: Fotologia, Nr. 11 (1989), S. 77-83.

202. Cox, Edward G.: A reference guide to the literature of travel: Including voyages, geographical descriptions, adventures, shipwrecks and expeditions, 3 Bde. Seattle 1935-1949.

203. Crary, Jonathan: Techniken des Betrachters. Sehen und Moderne im 19. Jahrhundert. Dresden/Basel 1996.

204. Croce, Benedetto: Volfango Goethe a Napoli. Aneddoti e ritratti. Neapel 1903.

205. Croce, E.: Romantici Tedeschi ed altri saggi, Neapel 1962.

206. Csáky-Loebenstein, E.M.: Die adelige Kavalierstour im 17. Jahrhundert - ihre Voraussetzungen und Ziele. Phil. Diss. Wien 1966.

207. D'Ancona, A.: Saggio di una bibliografia ragionata dei viaggi e delle descrizioni d'Italia e dei costumi italiani in lingue stranieri. In: M. de Montaigne, Journal de voyage en Italie, Città di Castello 1889, S. 563-702.

208. Dedner, Burghard: Vom Schäferleben zur Agrarwirtschaft: Poesie und Ideologie des >Landlebens< in der deutschen Literatur des 18. Jahrhunderts. In: Europäische Bukolik und Georgik, hrsg. v. Klaus Garber, Darmstadt: Wiss. Buchges. 1976, S. 347- 390.

209. De Lollis, C.: Il Baedeker di Goethe in Italia. In: Nuova Antologia (1904) S. 221-229.

210. Dencker, Klaus Peter: Die Reise nach Rom. Experimentelle Texte. Nr. 14/15. Hg. v. K. Riha, S. J. Schmidt. Siegen 1987.

211. De Seta, Cesare: Arti e civiltà del Settecento a Napoli, Rom/Bari 1982.

212. De Seta, Cesare: L'Italia nello specchio del >Grand Tour<. In: Storia d'Italia. Annali 5. Il paessagio. A cura di C. De Seta. Torino 1982. S. 127-236.

213. Dewitz, Bodo von; Siegert, Dietmar; Schuller-Procopovici, Karin (Hg.): Italien sehen und sterben. Photographien der Zeit des Risorgimento (1845-1870). Ausstellung: Römisch-Germanisches Museum Köln 1994; Reiss-Museum der Stadt Mannheim 1995. Heidelberg: Braus 1994.

214. Di Carlo, E.: Dai Diari di Federico Münter. In: Estratto dell'Archivio Storico per la Sicilia, Jg. XVI (1938).

215. Dickel, Hans: Caspar David Friedrich in seiner Zeit. Weinheim 1991.

216. Dickens, Charles: Reisebilder aus Italien. Übersetzt aus dem Englischen von N. Kiepenheuer und F. Minckwitz. Weimar: Kiepenheuer 1968.

217. Dilthey, W.: Das achtzehnte Jahrhundert und die geschichtliche Welt. In: ders., Gesammelte Schriften, Bd III. Leipzig: 1969, S. 209-668.

218. Dipper, Christof: Politischer Reformismus und begrifflicher Wandel. Eine Untersuchung des historisch-politischen Wortschatzes der Mailänder Aufklärung (1764-1796), Tübingen: Niemeyer 1976.

219. Dipper, Christof: Das politische Italienbild der deutschen Spätaufklärung. In: Heitmann, Klaus; Scamardi, Teodoro: Deutsches Italienbild und italienisches Deutschlandbild im 18. Jahrhundert. Reihe der Villa Vigoni Bd. 9. Tübingen: Max Niemeyer, 1993. S. 7-25.

220. Doerk, Berta: Reiseroman und -novelle in Deutschland. Diss. Münster 1925.

221. Duchet, Michèle: Anthropologie e histoire au siècle des Lumières. Paris: Maspero 1971.

222. Dünnhaupt, G.: Die Übersetzungen Fürst Ludwigs von Anhalt-Köthen. In: Daphnis, 7 (1978) S. 513-529.

223. Düntzer, Heinrich: Aus Herders Nachlaß: ungedruckte Briefe von Herder und dessen Gattin, Goethe [...], hg. v. Heinrich Düntzer und Ferdinand Gottfried von Herder, Bd. 1 (= Goethe. Schiller. Klopstock. Lenz Jean Paul. Claudius.), Frankfurt/M.: Meidinger 1856.

224. Düntzer, Heinrich: Herders Reise nach Italien: Herders Briefwechsel mit seiner Gattin, vom August 1788 bis Juli 1789, hg. v. Heinrich Düntzer und Ferdinand Gottfried von Herder, Gießen: Ricker 1859.

225. Eberlein, Kurt Karl: Zur neudeutschen Zeichenkunst. In: Zeitschrift für bildende Kunst, N.F. 31, 1920, S. 265-276.

226. Ebert, Hans: Buonaventura Genelli. Leben und Werk. Weimar 1971.

227. Ebert, Hans: Verzeichnis der Werke Buonaventura Genellis nach Themen geordnet. Manuskript im Kunsthistorischen Institut der Karl-Marx-Universität Leipzig 1959.

228. Ebhardt, Justus: Aus dem heutigen Rom. Politisches und Unpolitisches. Leipzig/Köln 1879.

229. Eckermann, Johann Peter: Gespräche mit Goethe in den letzten Jahren seines Lebens, [...] neu hrsg. v. H. H. Houben, 24. Originalauflage, Wiesbaden: Brockhaus 1949.

230. Eckermann Johann Peter: Gespräche mit Goethe in den letzten Jahren seines Lebens: Goethes Gespräche mit Eckermann, Berlin: Aufbau-Verlag 1955.

231. Ehrmann, Walter (Hrsg.): Die verlorene Identität. Zur Gegenwart des Romantischen. Städtisches Museum Leverkusen, Schloss Morsbroich 1974.

232. Eichler, Inge: Die Cervarafeste der deutschen Künstler in Rom. In: Zeitschrift des deutschen Vereins für Kunstwissenschaft 31, 1977, Heft 1/4, S. 81-114.

233. Einem, Herbert von: Die Kunst der Deutschrömer. In: Hans Geller: Die Bildnisse der deutschen Künstler in Rom 1800-1830. Berlin 1953.

234. Einem, Herbert von: Nachwort zu Goethe, Italienische Reise. Hamburger Ausgabe Bd. 11. S. 559-577.

235. Einem, Herbert von: Kunstphilosophie. In: Herbert von Einem, Goethe-Studien, München: Fink, 1972, S. 72-88

236. Einem, Herbert von: Goethe und die bildende Kunst. In: Herbert von Einem: Goethe-Studien, München: Fink, 1972, S. 90-131

237. Einem, Herbert von: Goethe und Palladio. In: Herbert von Einem: Goethe-Studien, München: Fink, 1972, S. 132-155

238. Elwer, W. Th.: Venedigs literarische Bedeutung. In: Archiv für Kulturgeschichte, Bd. 36 (1954) S. 261-300.

239. Elze, Theodor: Geschichte der protestantischen Bewegungen und der Deutschen Evangelischen Gemeinde A.C. in Venedig. Florenz 1941.

240. Embacher, Friedrich: Lexikon der Reisen und Entdeckungen. Amsterdam: Meridian 1961.

241. Emrich, Wilhelm: Das Bild Italiens in der deutschen Dichtung. In: Studien zur deutsch-italienischen Geistesgeschichte. Köln 1959. S. 21-45.

242. Emrich, Wilhelm: Geist und Widergeist. Wahrheit und Lüge der Literatur. Studien. Frankfurt/M.: Athenäum 1965.

243. Engele, R.: Das Italienbild in der Schauerliteratur an der Wende vom 18. zum 19. Jahrhundert, phil. Diss. Graz 1976.

244. Engelhardt, Viktor: Die Kunst zu reisen in alter und neuer Zeit, wie sie sich in Reisehandbüchern, Reiseanweisungen, Reisekarten und Postfahrplänen aus allen

Jahrhunderten, sowie in Kursbüchern, Autostraßen- und Flugkarten in der Gegenwart darstellt. Aachen: 1937.

245. Engel-Janosi, F.: Zeitschriften und Gesellschaft im Italien der Reformen. In: Formen der europäischen Aufklärung, hrsg. v. F. Engel-Janosi, G. Klingenstein, H. Lutz, München 1976, S. 190-223.

246. Engelmann, W.: Biblioteca Geographica. Verzeichnis der seit Mitte des 18. Jahrhunderts bis 1856 in Deutschland erschienenen Werke über Geographie und Reisen, Leipzig 1857.

247. Eybisch, Hugo: Anton Reiser. Untersuchungen zur Lebensgeschichte von K. Ph. Moritz und zur Kritik seiner Autobiographie. Leipzig 1909.

248. Falzone, G.: Viaggiatori in Sicilia nel '700. In: Almanacco in Sicilia, 1950.

249. Farinelli, Arturo: Goethe e il Lago Maggiore. Bellinzona 1894.

250. Fazio, Enzo-Giorgio: La letteratura odeporica del Settecento. Itinerari epistemologico-bibliografici. S. 102-111.

251. Fechner, J.U.: Die Einheit von Bibliothek und Kunstkammer im 17. und 18. Jahrhundert. In: Wolfenbütteler Forschungen, Wolfenbüttel 1977, S. 11-31.

252. Fedalto, G.: Stranieri a Venezia e a Padova 1550-1700. In: Storia della cultura Veneta, 4/II, vicenza 1984, S. 251-279.

253. Femmel, Gerhard (Hrsg.): Disegni di Goethe in Italia, (Fondazione Giorgio Cini N. 39), Venedig 1977.

254. Femmel, Gerhard: Die Gemmen aus Goethes Sammlung, Bearb. d. Ausg. Gerhard Femmel, Katalog Gerald Heres. Leipzig: Seemann 1977.

255. Fernow, Carl Ludwig: Leben des Künstlers Asmus Jakob Carstens. Ein Beitrag zur Kunstgeschichte des 18. Jahrhunderts. Leipzig 1806.

256. Fernow, Carl Ludwig: Römische Studien. Teil II. Zürich 1806.

257. Fernow, Carl Ludwig: Sitten- und Kulturgemälde von Rom. Gotha 1802.

258. Fichte, Hubert: >Deiner Umarmungen süße Sehnsucht<: Die Geschichte der Empfindungen am Beispiel der französischen Schriften des Grafen August von Platen-Hallermünde, Tübingen: Konkursbuchverlag 1985.

259. Fichter, H.W.: Gedruckte Kunst. Spaziergänge in Italien. Frankfurt/M. /Berlin 1994.

260. Fichter, H.W.: Gezeichnete Kunst. Fremde Schönheit. Frankfurt/M. 1995.

261. Fischer, P.D.: Italien und die Italiener am Schlusse des neunzehnten Jahrhunderts. Betrachtungen und Studien über die politischen, wirtschaftlichen und sozialen Zustände Italiens. Berlin 1899.

262. Fischer-Lamberg, Hanna: Der junge Goethe: neu bearb. Ausg. in 5 Bänden, hrsg. v. Hanna Fischer-Lamberg, Bd. II (April 1770 - September 1772). Berlin: de Gruyter 1999.

263. Fleck, Josefine: Die Beziehung der auf Goethe, Kant, Fichte folgenden Generation zu Italien. Diss. Frankfurt/M. 1925.

264. Forssman, Erik: Venedig in der Kunst und im Kunsturteil des 19. Jahrhunderts. Stockholm 1971.

265. Fournier, Th.: Rom und die Campagna. Neuer Führer für Reisende. Leipzig: Seemann 1862.

266. Francovich, Carlo: Albori socialisti nel Risorgimento. Contributo allo studio delle società segrete (1776-1835). Florenz 1962.

267. Frank, Hektor: Aus dem Vatican. Ernstes und Heiteres. Leipzig 1896. (Kennst du das Land? Eine Büchersammlung für die Freunde Italiens. Hrsg. v. J. R. Haarhaus, 19 Bde., Leipzig 1896-98, Bd. V).

268. Frenzel, Ivo: Friedrich Nietzsche in Selbstzeugnissen und Bilddokumenten. Reinbek: Rowohlt 1974.

269. Friedländer, Hermann: Ansichten von Italien während einer Reise in den Jahren 1815 und 1816. Bd. 2. Leipzig 1820.

270. Friedländer, Ludwig: Reisen in Italien in den letzten vier Jahrhunderten. In: ders., Erinnerungen, Reden und Studien. Bd. 2 Straßburg 1905. S. 448 - 497.

271. Friedrichs, Wolfgang: Die Deutschlandreisen Kardinal Garampis. In: Heitmann, Klaus; Scamardi, Teodoro: Deutsches Italienbild und italienisches Deutschlandbild im 18. Jahrhundert. Reihe der Villa Vigoni Bd. 9. Tübingen: Max Niemeyer 1993. S. 148-160.

272. Fuchs, Werner: Die Skulptur der Griechen. München 1969 (3. Aufl. 1983).

273. Funck, Heinrich: Goethe und Lavater: Briefe und Tagebücher, hrsg. v. Heinrich Funck, Weimar: Verlag der Goethe-Gesellschaft (Schriften der Goethe-Gesellschaft; 16) 1901.

274. Fusco, Maria Antonella: Il >luogo commune< paessagistico nelle immagini di massa. In: Storia d'Italia. Annali 5. Il paessagio. A cura di C. De Seta. Torino 1982. S. 753-801.

275. Fuss, Karl: Geschichte des Reisebüros. Darmstadt: Jaeger 1960.

276. Gärtner, Marleen; Mende, Matthias; Schoch, Rainer (Hg.): Johann Christoph Erhard. Der Zeichner. Germanisches Nationalmuseum Nürnberg 1996.

277. Gabetti, G: Goethe e Simmel. In: Il Conciliatore (1914) S. 490-513.

278. Gädeke, Thomas (Hrsg.): Friedrich Nerly und die Künstler um Carl Friedrich von Rumohr. Schleswig-Holsteinisches Landesmuseum, Kloster Cismar; Landesmuseum Mainz 1991. Erfurt 1991.

279. Galassi, Peter (Hrsg.): Before photography. Painting and the invention of photography. Museum of Modern Art New York 1981.

280. Galassi, Peter: Corot in Italien. Freilichtmalerei und klassische Landschaftstradition. München: Hirmer 1991.

281. Gallwitz, Klaus (Hrsg.): Die Nazarener in Rom. Ein deutscher Künstlerbund der Romantik. Galleria Nazionale d'arte Moderna, Rom 1981. München: Prestel 1981.

282. Garms, Elisabeth und Jörg: Mito e realta di Roma nella cultura europea. Viaggio e idea, immagine e immaginazione. In: Storia d'Italia. Annali 5. Il paessagio. A cura di C. De Seta. Torino 1982. S. 561-662.

283. Geerds, Robert (Hrsg.): Die Mutter der Könige von Preußen und England. Memoiren und Briefe der Kurfürstin Sophie von Hannover. München 1914.

284. Geller, Hans: Deutsche Künstler in Rom von Raphael Mengs bis Hans von Marées (1791-1887), Rom: Herder 1961.

285. Gelshorn, K.: Die deutsche evangelische Kirche in Venedig und ihr bildnerischer Schmuck. In: Monatsschrift für Gottesdienst, Jg. XVI, Potsdam 1911, S. 1-16.

286. Generaldirektion der Museen der Stadt Köln (Hrsg.): Land der Wunder: italienische Reiseskizzen, Architekturstudien und Veduten des 19. Jh. aus dem Nachlaß J. I. Hittorf. Eine Ausstellung der Graphischen Sammlung des Wallraf-Richartz-Museum 1985. (Sonderheft 3/1985 des Bulletins der Museen der Stadt Köln)

287. Gensel, Julius: Friedrich Preller d. Ä.. Bielefeld/Leipzig 1904.

288. Georgelin, Jean: Venise au siècle des Lumières. Paris: Mouton 1978.

289. Gerhardt, Livia: Carl Ludwig Fernow. Leipzig: Haessel 1908.

290. Gernsheim, Helmut: Geschichte der Photographie. Die ersten hundert Jahre. Frankfurt/Berlin/Wien: Propyläen 1983.

291. Gerstenberg, Kurt: Goethe und die italienische Landschaft. In: Deutsche Vierteljahrsschrift für Literaturwissenschaft und Geistesgeschichte, Bd. I, Halle (Saale): Niemeyer 1923, S. 636-664

292. Gerstfeldt, Olga von; Steinmann, Ernst: Pilgerfahrten in Italien. Leipzig: Klinkhardt und Biermann 1922.

293. Gilardi, Ando: Storia sociale della Fotografia. Mailand 1981.

294. Gioseffi, Decio: Canaletto. Il Quaderno delle Gallerie Veneziane e l'impiego della Camera Ottica. Università degli Studi di Trieste, Ist. di Storia dell'Arte Antica e Moderna Nr. 9. Triest 1959, S. 5-85.

295. Glaser, Rudolf: Goethes Vater. Sein Leben nach Tagebüchern und Zeitberichten. Leipzig: Quelle & Meyer 1892.

296. Glück, Julius: Deutsche Entdecker und Reisende: Ausstellung der Badischen Landesbibliothek. Karlsruhe: Badische Landesbibliothek 1974.

297. Gnoli, D.: Das Goethe-Haus in Rom. In: Im neuen Reich (1872) S. 143-148, 608.

298. Goethe, Johann Wolfgang von: Tagebuch der Italienischen Reise 1786: Notizen und Briefe aus Italien. Mit Skizzen und Zeichnungen des Autors. Hrsg. u. erläutert v. Christoph Michel. Frankfurt/M.: Insel Verlag 1976.

299. Goethe, Johann Wolfgang von: Tagebuch der Italienischen Reise 1786. Hrsg. v Christoph Michel, 2. Aufl., Frankfurt/M.: Insel Verlag 1977.

300. Goethe. Italienische Reise. Herausgegeben und kommentiert v. Herbert von Einem. Sonderausgabe der Ausgabe: Goethes Werke, Bd. 11, 9. Auflage. München: Beck 1978.

301. Görres, G.: Bilder aus dem italienischen Volksleben. In: Historisch-politische Blätter. 7-8 (1841), 11 (1843).

302. Görres, Jörn: Goethe in Italien. Katalog zur Ausstellung. Mainz 1986.

303. Goy, Richard: Stadt in der Lagune. Leben und Bauen in Venedig. München: Knesebeck 1998.

304. Graevenitz, George von: Deutsche in Rom: Studien und Skizzen aus elf Jahrhunderten. Leipzig: Seemann 1902.

305. Gravenkamp, Curt: Ernst Fries 1801-1833. Sein Leben und seine Kunst. Phil. Diss. Frankfurt a.M. 1925 (Maschinenschrift im Kurpfälzischen Museum Heidelberg).

306. Gray, Michael; Jones, Calvert R.; Lassam, Robert E. (Hgg): The Romantic Era. Museo di Storia della Fotografia Fratelli Alinari. Florenz 1988.

307. Gregorovius, Ferdinand: Die Villa Malta in Rom und ihre deutschen Erinnerungen. In: ders., Kleine Schriften zur Geschichte und Kultur. Bd. 3. Leipzig 1892. S. 1-42.

308. Gregorovius, Ferdinand: Wanderjahre in Italien. 4. Auflage. München 1986.

309. Griep, Wolfgang: Reiseliteratur im späten 18. Jahrhundert. In: Hansers Sozialgeschichte der deutschen Literatur vom 16. Jahrhundert bis zur Gegenwart. Hrsg. v. Rolf Grimminger. Bd. 3. S. 739-764.

310. Grillparzer, Franz: Reisetagebücher. Tagebuch auf der Reise nach Italien 24. März bis Ende Juli 1819. Hrsg. v. Rudolf Walbiner. Berlin: Rütten & Loening, 1987.

311. Grillparzer, Franz: Sämtliche Werke. Hg. v. P. Frank und K. Pürnbacher, 4 Bde., München 1960 ff.

312. Grimm, Gunter E.; Breymayer, Ursula; Erhart, Walter: >Ein Gefühl von freierem Leben<: Deutsche Dichter in Italien. Stuttgart u.a.: Metzler 1990.

313. Grimm, Herman: Cornelius und die ersten fünfzig Jahre nach 1800. In: ders., Deutsche Künstler. Stuttgart o. J. S. 42 - 180.

314. Grönvold, Bernt (Hrsg.): Friedrich Wasmann. Ein deutsches Künstlerleben, von ihm selbst geschildert. Leipzig 1915.

315. Groot, Irene de: Landscape etchings by the Dutch masters of the seventeenth century, London: Fraser 1979.

316. Grumach, Ernst: Goethe und die Antike: eine Sammlung, mit einem Nachwort von W. Schadewaldt, Bd. 1-2. Berlin: de Gruyter 1949.

317. Guglielminetti, Marziano: Viaggiatori del Seicento. Turin 1967.

318. Guidorizzi, Ernesto: L'Italia, Goethe e la natura. Neapel 1980.

319. Gurlitt, C.: Josef Purttenbach. Eine Künstlerreise in Italien. In: Architektonische Rundschau, Jg. 21 (1905) S. 41ff.

320. Haarhaus, Julius R.: Auf Goethes Spuren in Italien, 2 Bde. Leipzig: Naumann 1896/97.

321. Haarhaus, Julius R. (Hrsg.): Kennst du das Land? Eine Büchersammlung für die Freunde Italiens. 19 Bde., Leipzig 1896-98.

322. Hagedorn, Christian Ludwig von: Betrachtungen über die Mahlerey. Leipzig: Wendler 1762.

323. Hagenmeyer, Gerhard: Wilhelm Waiblingers Gedichte aus Italien. Ein Beitrag zur Literaturgeschichte der Restaurationszeit und zur Geschichte der deutschen Italiendichtung. Berlin: Ebering 1930.

324. Hamerling, Robert: Ahasverus in Rom. Hamburg u.a. 1866.

325. Hammond, John H.: The Camera Obscura. A Chronicle. Bristol: Hilger 1981.

326. Hantzsch, V.: Deutsche Reisende des sechszehnten Jahrhunderts, (Leipziger Studien aus dem Gebiet der Geschichte, hg. von W. Arndt, K. Lamprecht, E. Marks, Bd. I, H.4) Leipzig 1895.

327. Häntzschel, Günter: Nachwort zu Heinrich Heine, Sämtliche Schriften. Hrsg. v. Klaus Briegleb. Bd. 2 München 1969.

328. Harbsmeier, M.: Reisebeschreibungen als mentalitätsgeschichtliche Quellen: Überlegungen zu einer historisch-anthropologischen Untersuchung frühneuzeitlicher deutscher Reisebeschreibungen. In: Reisebeschreibungen als Quellen europäischer Kulturgeschichte, (Wolfenbütteler Forschungen Bd. 21), Wolfenbüttel 1981, S. 1-32.

329. Harder, H., Le Président de Brosses et le voyage en Italie au dix-huitième siècle, (Bibliothèque du Voyage en Italie; 5. Etudes). Genf 1981.

330. Hardt, Petra (Hrsg.): Ciao, Belezza: Deutsche Dichter über Italien. Ein Lesebuch. München u.a. : Piper 1988.

331. Harnack, Otto (Hrsg.): Goethe. Zur Nachgeschichte der Italienischen Reise, Weimar 1890.

332. Harnack, Otto: Deutsches Kunstleben in Rom im Zeitalter der Klassik. Ein

Beitrag zur Kulturgeschichte. Weimar 1896.

333. Harth, Helene; Heydenreich, Titus (Hg.): Sizilien. Geschichte - Kultur - Aktualität. Tübingen: Stauffenburg 1987.

334. Hartwig, Wolfgang: Nachwort zu Wilhelm Waiblinger, Mein flüchtiges Glück. Eine Auswahl. Berlin/DDR 1974.

335. Haufe, Eberhard: Deutsche Briefe aus Italien. Von Winckelmann bis Gregorovius. Gesammelt und hrsg. v. E. Haufe. Hamburg: Wegner 1965; Leipzig: Köhler & Amelang 1987.

336. Hausenstein, Wilhelm: Einleitung zu Johann Gottfried Seume. Ein literarisches Portrait. Ausgew. Werke Seumes. Leipzig 1912.

337. Häusler, Regina: Das Bild Italiens in der deutschen Romantik, Bern/Leipzig 1937.

338. Hausmann, Ulrich: Antike Kunst. In: Goethe Handbuch: Goethe, seine Welt u. Zeit in Werk u. Wirkung, hrsg. v. Alfred Zastrau, Bd. 1, Stuttgart: Metzler 1961, S. 294-306 s.a. ebenda s. v. Antiken-Sammlungen, S. 306-313

339. Hazard, P.: Die Krise des europäischen Geistes, (Frz.: La Crise de la Conscience Européenne 1680-1715, 2 Bde. Paris 1935), Hamburg 1939.

340. Hehn, Victor: Italien. Ansichten und Streiflichter. Berlin 1894 (5. Auflage 1896).

341. Heine, Heinrich: >Reise von München nach Genua<. In: Heinrich Heine, Werke, Bd. 2 (Reisebilder. Erzählende Prosa. Aufsätze), hrsg. von Christoph Siegrist. Frankfurt/M.: Insel Verlag 1968.

342. Heinse, Johann J.: Sämtliche Werke, hrsg. v. Carl Schüddekopf, Bd. 10 (Briefe II), Leipzig: Insel Verlag 1910.

343. Heinse, Wilhelm: Vom großen Leben. Zusammengestellt und eingeführt von Richard Benz. München: Piper 1943.

344. Heitmann, Klaus: Das italienische Deutschlandbild in seiner Geschichte. Heidelberg: Winter 2003.

345. Heitmann, Klaus; Scamardi, Teodoro: Deutsches Italienbild und italienisches Deutschlandbild im 18. Jahrhundert. Reihe der Villa Vigoni Bd. 9. Tübingen: Max Niemeyer 1993.

346. Helbing, Hugo: Versteigerungskatalog Sammlung Dr. Stefan von Licht, Wien. Handzeichnungen und Aquarelle alter und moderner Meister des 16. bis 19. Jahrhunderts. Frankfurt/M. am 7. 12. 1927.

347. Herder, Johann Gottfried von: Werke in 5 Bänden, [ausgew. u. eingel. von Regine Otto]. Berlin/Weimar: Aufbau-Verlag 1978.

348. Herder, Johann Gottfried von: Gedichte, hrsg. durch Johann Georg Müller, Stuttgart/Tübingen: Cotta 1836.

349. Herwig, Wolfgang: Goethes Gespräche: eine Sammlung zeitgenössischer Berichte aus seinem Umgang, auf Grund der Ausgabe und des Nachlasses von Flodoard Frhr. von Biedermann ergänzt und hrsg. v. Wolfgang Herwig, in 4 Bänden, Zürich/Stuttgart: Artemis-Verlag 1965

350. Hesse, Hermann: Italien: Schilderungen, Tagebücher, Gedichte, Aufsätze, Buchbesprechungen und Erzählungen, hrsg. u. mit einem Nachwort v. Volker Michels. Frankfurt/M.: Suhrkamp 1983.

351. Heusler, Andreas: Goethe und die italienische Kunst. Basel: Reich 1891.

352. Heuss, Th.: Siziliana. (Bericht über den Aufenthalt des Verfassers auf Sizilien im November 1957). In: Universitas. Zeitschrift für Wissenschaft, Kunst und Literatur, hrsg. von H.W. Bähr, 14. Jg., H.1, Tübingen 1959, S. 1-9.

353. Heyd, W.: Handschriften und -zeichnungen des herzoglich-württembergischen Baumeister Heinrich Schickhardt. Im Auftrag des Württembergischen Geschichts- und Altertums-Vereins unter Mitwirkung von A. Enting und B. Pfeiffer, Stuttgart 1902.

354. Heymann, Jochen: Gian Lodovico Bianconi und Johann Joachim Winckelmann. Anmerkungen zur Entstehung des klassischen deutschen Italienbildes. In: Heitmann, Klaus; Scamardi, Teodoro: Deutsches Italienbild und italienisches Deutschlandbild im 18. Jahrhundert. Reihe der Villa Vigoni Bd. 9. Tübingen: Max Niemeyer 1993, S. 49-59.

355. Heymann, Jochen: Venedig sehen und sterben: August von Platens erste Italienreise und die venezianische Volksdichtung. In: Och, Gunnar (Hrsg.): August Graf von Platen, 1796 – 1835: >Was er wünscht, das ist ihm nie geworden.< Eine Ausstellung im 200. Geburtsjahr des Dichters. Erlangen: Universitätsbibliothek Erlangen – Nürnberg 1996.

356. Heyse, Paul: Italienische Dichter seit der Mitte des 18ten Jahrhunderts. Berlin: Hertz 1889.

357. Hillebrand, Karl: Zwölf Briefe eines ästhetischen Ketzers. Berlin: Oppenheim 1874.

358. Hillebrand, Karl (Hrsg.): Italia. Leipzig: Hartung 1874-1877.

359. Hiller Foti, Ingrid: Viaggiatori Tedeschi nella Sicilia orientale 1592-1870, Catania 1981.

360. Hirschfeld, Christian Cay Lorenz: Theorie der Gartenkunst. 1780. Reprint Hildesheim 1973.

361. Hoffmann, E. T. A.: E. T. A. Hoffmanns Werke in zwei Bänden. Hrsg. v. Hermann Leber. Stuttgart: Deutscher Bücherbund o. J.

362. Hofmiller, Josef: Die Briefe aus Italien in: ders., Wege zu Goethe. Hamburg 1946. S. 84-104.

363. Hofmiller, Josef: Italienische Reise. In: ders.: Wege zu Goethe. Hamburg 1946. S. 104- 116.

364. Hohenlohe-Ingelfingen, Prinz Kraft zu: Aus meinem Leben. Aufzeichnungen des Prinzen Kraft zu Hohenlohe-Ingelfingen. 4 Bde. Berlin 1897ff, Bd. 2, 1905, S. 158ff., 179f, 195ff.

365. Holldack, Heinz: Viktor Hehn und Ferdinand Gregorovius. Ein Beitrag zur Geschichte der deutschen Italienauffassung. In: Historische Zeitschrift. Bd. 154. München/Berlin 1936. S. 285-310.

366. Hollmer, Heide: Literaturrreisen Florenz. Stuttgart: Klett 1990.

367. Hollmer, Heide: Zwischen Enthusiasmus und Dilettantismus. Die >Briefe über Italien< der Herzoginmutter Anna Amalia von Sachsen - Weimar – Eisenach. In: Deutsches Italienbild und italienisches Deutschlandbild im 18. Jahrhundert, hg. v. Klaus Heitmann und Teodore Scamardi. Tübingen: Max Niemeyer 1993. S. 72-83.

368. Horkheimer, Max: Horkheimer und Italien. Dokumente, Texte, Interviews, hrsg. v. Gerd van de Moetter. Frankfurt/M. u.a.: Peter Lang 1990.

369. Houben, H.H. (Hrsg.): Ottilie von Goethe. Erlebnisse und Geständnisse 1832-1857. Leipzig 1923.

370. Huch, Ricarda: Die Geschichte von Garibaldi in 3 Teilen. Stuttgart: Deutsche Verlags-Anstalt 1906-1907.

371. Huch, Ricarda: »Italien«. In: Ricarda Huch: Gesammelte Werke, Bd. 5 (Gedichte, Dramen, Reden, Aufsätze u. andere Schriften), Köln o. J.

372. Huck, Gerhard: Der Reisebericht als historische Quelle. In: ...und reges Leben ist überall sichtbar! Reisen im Bergischen Land um 1800. Hrsg. v. Gerhard Huck und Jürgen Reulecke. Neustadt a. d. Aisch: Ph. C. W. Schmidt 1978, S.33 f.

373. Hudal, Alois: Die deutsche Kulturarbeit in Italien, Münster: Aschendorff 1934.

374. Humboldt, Wilhelm von: Rezension von Goethes Zweitem Römischen Aufenthalt. In: ders., Werke. Hg. v. Flitner und Giel. Bd. 2. Darmstadt 1961. S. 395 - 417.

375. Humboldt, Wilhelm von: Werke, hrsg. v. Albert Leitzmann, Bd. 9 (Gedichte), Berlin 1912.

376. Humboldt, Wilhelm von: Briefe. Auswahl von Wilhelm Rössle, mit einer Einleitung von Heinz Gollwitzer, München: Hanser 1952

377. Imperatori, G.: Goethe e gli scrittori d'Italia. Udine 1937.

378. Ingenmey, Marlis: L'illuminismo pessimistico di J.G. Seume. Venezia: Marsilio 1978.

379. Ipser, Karl: Venedig und die Deutschen, Österreicher, Schweizer am Rialto, München 1976.

380. Italienisch-deutsche Begegnungen um die Jahrhundertwende. [Symposium des Dt. Studienzentrums in Venedig am 22./23. September 1980] / [Centro Tedesco di Studi Veneziani]. Padova: Cleup 1982.

381. Jacobi, Johann Georg: Die Winterreise. Düsseldorf: 1769.

382. Jacobi, Johann Georg: Apollo unter den Hirten, Halberstadt: 1770.

383. Jacobson, Ken; Hamber, Anthony: Étude d'après nature. 19th Century photographs in relation to art. Petches Bridge: Jacobson 1996.

384. Jammes, Isabelle: Blanquart-Evrard et les origines de l'édition photographique française. Catalogue raisonné des albums photographiques édités 1851-1855. Hrsg. vom Centre de Recherches d'Histoire et de Philologie de la IVe Section de l'Ecole Pratique des Hautes Etudes. Genf und Paris 1981.

385. Jauß, Hans Robert: Das Ende der Kunstperiode-Aspekte der literarischen Revolution bei Heine, Hugo und Stendhal. In: ders., Literaturgeschichte als Provokation. Frankfurt a.M.: Suhrkamp 1970. S. 107-143.

386. Jedin, Hubert: Die deutsche Romfahrt von Bonifatius bis Winckelmann. Krefeld 1950.

387. Jensen, Jens Christian: Kunst in Dresden. 18. - 20. Jahrhundert. Aquarelle, Zeichnungen, Druckgraphik. Ausstellung zur Erinnerung an die Gründung der Dresdner Kunstakademie. Heidelberg: Kurpfälzisches Museum 1964.

388. Jericke, Alfred: Der Klassizismus in der Baugeschichte Weimars, von Alfred Jericke und Dieter Dolgner, Weimar: Böhlau 1975

389. Jolles, Matthijs: Goethes Kunstanschauung. Bern: Francke 1957.

390. Jonard, Norbert: Le Siècle des Lumières en Italie, Lyon 1979.

391. Jorns, Marie: August Kestner und seine Zeit 1777-1853. Das glückliche Leben des Diplomaten, Kunstsammlers und Mäzens in Hannover und Rom. Hannover 1964.

392. Justi, Carl: Winckelmann und seine Zeitgenossen, 2. Aufl. Leipzig: Vogel 1898.

393. Justi, Carl: Briefe aus Italien. 2. ergänzte Aufl.. Bonn: Cohen 1925.

394. Justi, Carl: Winckelmann und seine Zeitgenossen, 5. Aufl. Köln: Phaidon Verlag 1956.

395. Kaden, Woldemar: Skizzen und Kulturbilder aus Italien. Jena: Costenoble 1881.

396. Kaden, Woldemar: Sommerfahrt. Eine Reise durch die südlichsten Landschaften Italiens. Berlin 1880.

397. Kaden, Woldemar: Volksthümliches aus Süditalien. Leipzig 1896. (Kennst du das Land? Eine Büchersammlung für die Freunde Italiens. Hrsg. v. J.R. Haarhaus, 19 Bde., Leipzig 1896-98, Bd. III).

398. Kaden, Woldemar: Wandertage in Italien. Stuttgart 1874.

399. Kaiser, Joachim: >Die Männer sind unheilbar krank<. Imaginäres Gespräch mit Ingeborg Bachmann. In: ders., >Vieles ist auf Erden zu tun<. Imaginäre

Gespräche mit Ingeborg Bachmann, Ludwig van Beethoven, Franz Kafka, Johann Nestroy, Friedrich Nietzsche, Clara Schumann, Kurt Tucholsky und anderen. München/Zürich: Piper 1991, S. 167-173.

400. Kamm-Kyburz, Chr.: Architekturtraktate und Giudenliteratur von Scamozzi. In: ders., Der Architekt Ottavio Bertotti Scamozzi 1719-1790. Bern 1983, S. 19-42.

401. Kanceff, E.: Documentation Bibliographique. Venise dans la Raccolta Tursi. In: viaggiatori stranieri a / Voyageurs etrangers a / Foreign travellers in Venezia. Atti del Congresso dell'Ateneo Veneto 13-15 ottobre 1979. Test raccolti da Emanuele Kanceff e Gaudenzio Boccazzi, (Biblioteca del Viaggio in Italia, Studi 9). Genf 1981, S. 179-252.

402. Kanduth, Erika: Das Österreichbild in italienischen Briefdokumenten des 18. Jahrhunderts. In: Deutsches Italienbild und italienisches Deutschlandbild im 18. Jahrhundert. Hg. v. Klaus Heitmann und Teodore Scamardi. Tübingen: Max Niemeyer 1993, S. 180-188.

403. Karbe, Lars Cassio: Venedig oder Die Macht der Phantasie. Die Serenissima - ein Modell für Europa. München: Diederichs 1995.

404. Kaschnitz, Marie Luise: >Nicht nur von hier und von heute<: ausgewählte Prosa u. Lyrik, Sonderausgabe. Hamburg/Düsseldorf: Claassen 1984.

405. Kauffmann, Fritz Alexander: Roms ewiges Antlitz. Formschicksal einer Stadt. Murnau 1940.

406. Keisch, C.: Classici e romantici Tedeschi in Italia. Catalogo della mostra, a cura di Keisch. Introduzione di G.C. Argan, Saggio di M. Cacciari. Venedig 1977.

407. Keller, Harald: Goethe, Palladio und England, Sitzungsberichte der Bayerischen Akademie der Wissenschaften zu München, Phil.-Hist. Klasse, Heft 6, 1971.

408. Kemp, Wolfang: Architektur-Aufnahme am Übergang von der Zeichnung zur Fotografie - Das Beispiel Ruskin. In: Marburger Jahrbuch für Kunstwissenschaft, Nr. 20 (1981), S. 55-62.

409. Kemp, Wolfang: Theorie der Fotografie, 3 Bde, Bd. 1: 1839-1912. München: Schirmer-Mosel 1980.

410. Kemp, Wolfang: Die Revolutionierung der Medien. Panorama, Diorama, Photographie. In: Funkkolleg Moderne Kunst. Hrsg. vom Deutschen Institut für Fernstudien an der Universität Tübingen. Weinheim und Basel 1989, Bd. 1, S. 95-128.

411. Kerr, Alfred: Die Welt im Licht, hrsg. v. Friedrich Luft, Köln/Berlin: Kiepenheuer & Witsch 1961.

412. Keyssler, Johann Georg: Neueste Reisen durch Deutschland, Böhmen, Ungarn, die Schweiz, Italien und Lothringen, [...]. Neue und vermehrte Auflage.[...] Hannover: Förster 1751.

413. Kiefer, Klaus H.: Wiedergeburt und Neues Leben. Aspekte des Strukturwandel in Goethes >Italienische Reise<, phil. Diss. Bonn: Bouvier 1978.

414. Kirby, Paul F.: The Grand Tour in Italy 1700-1800, New York: Vanni 1952.

415. Kirsten, Wulf: Nachwort. In: Wilhelm Müller, Rom, Römer und Römerinnen, Berlin: Rütten & Loening, 1983, S. 275-307

416. Kleinpaul, J.: Das Nachrichtenwesen der deutschen Fürsten im 16. und 17. Jahrhundert, Leipzig 1930.

417. Klenze, Camillo von: The growth of interest in the Early Italian Masters from Tischbein to Ruskin. Chicago 1906.

418. Klenze, Camillo von: Ein puritanisches Italienerlebnis. In: Deutsche Vierteljahrsschrift Bd. 9. 1931. S. 155 -185.

419. Klenze, Camillo von: The interpretation of Italy during the last two centuries. Chicago 1907.

420. Klingner, Friedrich: Rom als Idee. In: ders., Römische Geisteswelt. 3. Aufl. München: Rinn 1956. S. 561 - 582.

421. Knebel, Hans-Joachim: Soziologische Strukturwandlungen im modernen Tourismus, Stuttgart: Enke 1960.

422. Knod, G.: Rheinländische Studenten im 16. und 17. Jahrhundert auf der Universität Padua. In: Annalen des Historischen Vereins für den Niederrhein (1899) S. 133-189.

423. Koenig-Warthausen, G. Freiin von: Deutsche Frauen in Italien. Briefe und Bekenntnisse aus drei Jahrhunderten. Wien: Andermann 1942.

424. Kofler, Leo: Zur Geschichte der bürgerlichen Gesellschaft. Neuausgabe, (Soziologische Texte Bd. 38) 6. Aufl. Darmstadt u.a.: Luchterhand 1976.

425. Kopitzsch, Franklin: Aufklärung, Absolutismus und Bürgertum in Deutschland. München: Nymphenburger Verlagshandlung 1976.

426. Koppen, Erwin (Hrsg.): Goethes Vater reist in Italien, Mainz und Berlin. Kupferberg 1972 (insbesondere Kap. >Einleitung<, S. 7-25).

427. Kraft, Werner: Einleitung zu Gottfried Seume, Prosaschriften. Darmstadt 1974. S. 7-49.

428. Krause, C.: Italienreise heute und ehedem. In: Italien, Bd. 2, H.12 (1929) S. 506-510.

429. Krauss, Rainer: Friedrich Preller. Ausstellung anläßlich seines 100. Todestages. Kunstsammlungen zu Weimar, Kunsthalle am Theaterplatz 1978.

430. Kretschmayr, H.: Geschichte von Venedig, 3 Bde. Gotha 1905.

431. Krohn, H., Welche Lust gewährt das Reisen! Mit Kutsche, Schiff und Eisenbahn. München 1985.

432. Krönig, Wolfgang; Wegner, Reinhard: Jakob Philipp Hackert: der

Landschaftsmaler der Goethezeit. Mit Beitr. v. Verena Krieger. Köln u.a.: Böhlau 1994.

433. Krönig, Wolfgang: Jakob Philipp Hackert: Zehn Aussichten von dem Landhause des Horaz 1780, Einführung von W. Krönig, Ausstellungs-Katalog des Goethe-Museums Düsseldorf 1983.

434. Kruft, Hanno-Walter: Goethe und Kniep in Sizilien. In: Jahrbuch der Sammlung Kippenberg, Neue Folge, Bd. 2, Düsseldorf: Kiepenheuer & Witsch 1970, S.201-327

435. Kruft, Hanno-Walter: Wilhelm Heinses italienische Reise. In: Deutsche Vierteljahrsschrift für Literaturwissenschaft und Geistesgeschichte Jg. 41. Nr.1. 1967 S. 82-97.

436. Krug, W.T. (Hrsg.): Porträt von Europa. Leipzig 1831. (S. 62)

437. Krüger, G.: Die Religion der Goethezeit. Tübingen 1931.

438. Kuhn, Dorothea; Zeller, Bernhard (Hg.): Auch ich in Arcadien. Kunstreisen nach Italien 1600-1900. Eine Ausstellung im Schiller-Nationalmuseum Marbach 1966.

439. Kuhn, Dorothea: Olevano als Landschaft des Louis Mayer. In: Maass, Angelika (Hrsg.): Verlust und Ursprung. Festschrift für Werner Weber. Zürich 1989.

440. Kuhn, Dorothea: Reisebilder aus Italien. Berichte und Erlebnisse schwäbischer Italienfahrer. Ges. und erl. von D. Kuhn. Stuttgart: Kohlhammerverlag 1968.

441. Kuhn, I. (Hrsg.): Goethe. Das Römische Karneval, Frankfurt/M.: Insel Verlag 1984.

442. Kühnel, H.: Die adelige Kavalierstour im 17. Jahrhundert. In: Jahrbuch für Landeskunde von Niederösterreich, Bd. 36, Wien 1964, S. 364-384.

443. Kunsthalle Bremen: Friedrich Nerly. Ein deutscher Romantiker in Italien. Ausstellung Kunsthalle Bremen 1957.

444. Kunsthalle Bremen: Zurück zur Natur. Die Künstlerkolonie von Barbizon. Ausstellung Kunsthalle Bremen 1977/78.

445. Kunsthalle Kiel: Deutsche Aquarelle von der Romantik bis zur Gegenwart. Verbunden mit einer Sonderausstellung Zeitgenössische Aquarelle in Schleswig-Holstein. Ausstellung in der Kunsthalle Kiel 1960.

446. Kupka, Ilse: Italienreisen in der französischen Literatur des 19. Jahrhunderts, Breslau: Priebatsch 1936.

447. Kurz, Isolde: Die Pilgerfahrt nach dem Unerreichlichen: Lebensrückschau. Tübingen: Wunderlich 1938.

448. Kurz, Isolde: Florentinische Erinnerungen. 1909.

449. Kutter, Uli: Zur Kulturgeschichte des Reisens. In: Niedersachsen in der

Reiseliteratur vergangener Jahrhunderte, (Ausstellung im Foyer der Niedersächsischen Staats- und Universitätsbibliothek Göttingen 1.-31. Juli 1980), Göttingen 1980, S. 11-23.

450. Kutter, Uli: Der Reisende ist dem Philosophen, was der Arzt dem Apotheker – Über Apodemiken und Reisehandbücher. In: Reisekultur. Von der Pilgerfahrt zum modernen Tourismus. Hrsg. v. Hermann Bausinger, Klaus Beyrer, Gottfried Korff. München: Beck 1991. S. 38-47.

451. Lacordaire, Abbé H.: Der heilige Stuhl. Hrsg. v. G. Görres, Regensburg 1838. (S. 11f).

452. Laermann, K.: Raumerfahrung und Erfahrungsraum. Einige Überlegungen zu Reisebeschreibungen aus Deutschland vom Ende des 18. Jahrhunderts. In: Reise und Utopie. Zur Literatur der Spätaufklärung, hrsg. v. H.J. Piechotta. Frankfurt/M. 1976, S. 57-97.

453. La Lunia, I.: Viaggi in Sicilia nel secolo XVIII. In: Rivista Sicula, Jg. II, Bd. VI, Palermo 1871, S. 20ff.

454. La Mesa, Rina: Viaggiatori stranieri in Sicilia, (Serie Lettere e Arti). Bologna 1961.

455. Landsberger, Franz: Wilhelm Tischbein: ein Künstlerleben des 18.Jahrhunderts, Leipzig: Klinkhardt & Biermann 1908.

456. Lang, Rudolf W.: Reisen anno dazumal. München: Vollmer 1979.

457. Laux, Walter Stephan: Ideal und Idyll. Zeichnungen und Aquarelle 1850-1890. Weinheim 1988 (Bd. 5 der Reihe: Die Zeichnungen und Aquarelle des 19. Jahrhunderts der Kunsthalle Mannheim. Hrsg. v. Manfred Fath).

458. Lavater, Johann Caspar: Physiognomische Fragmente: zur Beförderung der Menschenkenntniß und Menschenliebe, Leipzig: Weidmann & Steiner 1775-1778.

459. Lehmann, Herbert: Goethe und Gregorovius vor der italienischen Landschaft, Wiesbaden: Steiner 1967.

460. Lenz, Christian: Tischbein: Goethe in der Campagna di Roma, Frankfurt/M.: Städel 1979.

461. Leo, H.: Geschichte der italienischen Staaten. 5 Teile. Hamburg 1829-1832. (T. 1, 1829, S. 28,32)

462. Leonardo da Vinci: Das Buch von der Malerei: deutsche Ausgabe nach dem Codex Vaticanus 1270, hrsg. v. Heinrich Ludwig, Wien, (Eitelsberger Quellenschriften für Kunstgeschichte, Nr. 6 (33), 4.) 1882.

463. Leppmann, Wolfgang: Winckelmann. New York: Knopf 1970.

464. Lepszy, H.: Die Reiseberichte des Mittelalters und der Reformationszeit, phil. Diss. Hamburg 1953.

465. Leube, E.: Die italienische Literatur an der Wende vom Sette- zum Ottocento. In: K. von See (Hrsg.): Neues Handbuch der Literaturwissenschaft. Bd. 15

(Europäische Romantik II, hrsg. v. K. Heitmann). Wiesbaden 1982, S. 280-289.

466. Lévi-Strauss, Claude: Tristes Tropiques. Paris 1955.

467. Lewald-Stahr, Fanny: Ein Winter in Rom. Berlin 1869.

468. Ley, F. (Hrsg.): Voyage en Italie en 1786: notes sur l'Italie, la Savoie, Lyon et la Suisse; traduction, présentation et notes de Francis Ley. Paris: Fischabacher 1983.

469. Liedl, Erich: Heinses Italienerlebnis verglichen mit dem Goethes. Diss. Wien 1947.

470. Lill, Rudolf: Geschichte Italiens vom 16. Jahrhundert bis zu den Anfängen des Faschismus, Darmstadt: Wiss. Buchgesellschaft 1980.

471. Lindgren, U. (Hrsg.): Alpenübergänge. Von Bayern nach Italien 1500-1850. Landkarten-Straßen-Verkehr. Mit einem Beitrag von Ludwig Pauli, (Deutsches Museum, Ausstellung vom 15. 1. 1986-15.3. 1986). München: Hirmer 1986.

472. Link, Manfred: Der Reisebericht als literarische Kunstform von Goethe bis Heine. Diss. Köln 1963.

473. Lissón, Mar (Hrsg.): Entre la Illustració i el Romanticisme 1780-1850. Dibuixos i aquarelles alemanys a la Kunsthalle de Mannheim; 25 de novembre de 1988 - 8 de gener de 1989/ Centre Cultural de la Fundació Caixa de Pensions.

474. Littrow, Heinrich von: Aus der See. Gedichte. Triest: Schimpff 1858.

475. Lohmeier, D.: Von Nutzbarkeit der fremden Reisen. Rechtfertigungen des Reisens im Zeitalter der Entdeckungen. In: Trierer Beiträge (1979), S. 3-8.

476. Lohmeyer, Karl (Hrsg.): Ernst Fries: Landschaftsmaler aus Heidelberg. 1801 - 1833. Verzeichnis der im Kurpfälzischen Museum der Stadt Heidelberg vom 1. Juni bis 1. Oktober 1927 ausgestellten Werke.

477. Lohre, Heinrich: Wilhelm Müller als Kritiker und Erzähler. Leipzig: Brockhaus 1927.

478. Lohse, Bruno: Jakob Philipp Hackert. Leben und Anfänge seiner Kunst, Emsdetten: Lechte 1936.

479. Lorck, Carl von (Hrsg.): Venedig: Briefe, Berichte und Bilder aus vier Jahrhunderten. Dresden: Jess 1938.

480. Löschburg, Winfred: Historische Gaststätten in Europa. Leipzig: Edition Leipzig 1976.

481. Luchsinger, Martin: Mythos Italien: Denkbilder des Fremden in der deutschsprachigen Gegenwartsliteratur. Köln u.a.: Böhlau 1996.

482. Lücken, Gottfried v.: Goethe und der Laokoon. In: Natalicium: Beiträge zur klassischen Altertumskunde, Johannes Geffcken zum 70. Geburtstag, 2. Mai 1931, Heidelberg: C. Winter 1931, S. 85-99.

483. Ludovici, S.: Bibliografia di viaggiatori stranieri in Italia. Viaggiatori tedeschi

o di lingua tedesca. In: Annales Institutorum VIII (1935-1936), S. 217-235.

484. Lugt, Frits: Les marques de collections de dessins & d'estampes. Amsterdam: Vereenigde Drukkerijen 1921 (Supplement: La Haye 1956).

485. Lun, A.: Incontri italo-tedeschi. Ventiquattro saggi di vari filologia, Rom 1955.

486. Lutyens, Mary (Hrsg.): Effie in Venice. Unpublished letters of Mrs. John Ruskin written from Venice between 1849-1852. London: Murray 1965.

487. Luzzato, G.L: Goethe e Venezia. In: Ateneo Veneto, Bd. XV (1937) S. 19-27.

488. Mack Smith, Dennis: Modern Sicily after 1713. London: Chatto & Windus 1969.

489. Maczak, Antoni; Teuteberg, Jürgen (Hg.): Reiseberichte als Quellen europäischer Kulturgeschichte (Wolfenbütteler Forschungen Bd. 21). Wolfenbüttel 1981.

490. Mälzer, Gottfried: Reisen zur Zeit Napoleons. Würzburg: Echter 1984.

491. Magnus, Rudolf: Goethe als Naturforscher: Vorlesungen gehalten im Sommersemester 1906 an der Universität Heidelberg. Leipzig: Barth 1906.

492. Mahr, Johannes: Rom - die Gelobte Stadt. Texte aus fünf Jahrhunderten. Stuttgart: Reclam 1996.

493. Maisak, Petra: Et in Arcadia ego. Zum Motto der >Italienischen Reise<. In: Görres, Jörn (Hrsg.): Goethe in Italien. Katalog zur Ausstellung. Mainz 1986, S. 136.

494. Markowitz, Irene (Hrsg.): Handzeichnungen und Aquarelle des 19. Jahrhunderts aus den Beständen des Kupferstichkabinetts im Kunstmuseum Düsseldorf. Düsseldorf: Kunstmuseum 1965.

495. Marr-Schelker, B: Baslerische Italienreisen vom Beginn des achtzehnten bis in die zweite Hälfte des neunzehnten Jahrhunderts (Basler Beiträge zur Geschichtswissenschaft Bd. 119). Basel/Stuttgart 1970.

496. Marshall, Hans: Buonaventura Gemelli. In: Reclams Universum XV, Heft 6, 1898/1899, Sp. 551-572.

497. Martin, Günther: Tasso oder der Augenblick - Goethe und die Zeit. In: Goethe Jahrbuch. Hrsg. v. Karl-Heinz Hahn. Bd. 101. Weimar: Böhlau, 1984. S. 187-204.

498. Martini, Georg Chr.: Viaggio in Toscana (1726-1745). Traduzione a cura di Oscar Trumpy. Modena: Muratori 1969.

499. Martino, Maria C.: Viaggiatori inglesi in Sicilia nella prima meta dell'Ottocento. Palermo: Edrisi 1977.

500. Marx, B.: Venedig - Altera Roma. Transformationen eines Mythos. In: Quellen und Forschungen aus italienischen Archiven und Bibliotheken, 60/1980, hrsg. v. Deutschen Historischen Institut in Rom, S. 325-373.

501. Maurel, André: L'art de voyager. Paris 1920.

502. Maurer, D.: Kennst Du das Land, wo die Zitronen blühn...Die Italien-Sehnsucht deutscher Dichter, Mskt. 6 S., ausgestrahlt Sept. 1986 in: Deutsche Welle. Zentraldienst Kultur. Literatur und Kunst.

503. Maurer, Doris u. Arnold E.: Auswahlbibliographie. In: Venedig, hrsg. v. Doris und Arnold E. Maurer, Frankfurt/M.: Insel Verlag 1983, S. 326-342.

504. Maurer, Michael: Italienreisen - Kunst und Konfession. In: Hermann Bausinger u.a. (Hg.): Reisekultur. Von der Pilgerfahrt zum modernen Tourismus. München: Beck 1991, S. 221-229.

505. Mayer, Hans: Goethe. Ein Versuch über den Erfolg. Frankfurt/M.: Suhrkamp 1973.

506. Mazzucchetti, L.: Un Baedeker del Seicento. In: Bolletino della Reale Società Geografica Italiana, Bd. XI-XII (1919) S. 618-630.

507. Mead, William Edward: The Grand Tour in the Eighteenth Century. Boston/New York: Houghton Mifflin Company 1914.

508. Meier, A.: Nachwort. In: Johann Caspar Goethe. Reise durch Italien im Jahre 1740. (Viaggio per l'Italia). Hrsg. v. der Deutsch-Italienischen Vereinigung, Frankfurt/M.: Übersetzt und kommentiert von Albert Meier. Mit 15 Zeichnungen von Elmar Hillebrand, München 1986, S. 487-499.

509. Melitta, G.: Die Redaktion der Italienischen Reise im Lichte von Goethes autobiographischem Gesamtwerk. In: Jahrbuch des Freien Deutschen Hochstifts (1930), S. 131-150.

510. Menichelli, Gian Carlo: Viaggiatori francesi reali o immaginari nell'Italia dell'Ottocento. Rom 1962.

511. Merck, Johann Heinrich: Über die Landschaft=Mahlerey. In: Der Teutsche Merkur, Nr. 9 (Sept. 1777) Weimar, S. 273-280

512. Merck, Johann Heinrich: Briefe, hrsg. v. Herbert Kraft. Frankfurt/M.: Insel Verlag 1968.

513. Merken, Sigrid: Der unfreiwillig ethnographische Blick. Italienische Volkskunst in den Bildern der Nazarener. In: Ausst.-Kat. der Galleria Nazionale d'Arte Moderna, Rom. Die Nazarener in Rom. Hrsg. v. Klaus Gallwitz. München 1981, S. 52-57.

514. Mertens, Dieter: Der Tempel von Segesta und die dorische Tempelbaukunst des griechischen Westens in klassischer Zeit. Rom (Sonderschriften des Deutschen Archäologischen Instituts, Rom) 1983.

515. Meter, Helmut: Die italienische Literatur in den Schriften von August Wilhelm und Friedrich Schlegel. In: >Italien in Germanien<: deutsche Italienrezeption von 1750 bis 1850; Akten des Symposiums der Stiftung Weimarer Klassik, Herzogin Anna-Amalia-Bibliothek, Schiller-Museum, 24. – 26. März 1994, hrsg. v. Frank-Rutger Hausmann. Tübingen: Narr 1996, S. 150-168.

516. Metken, G.: Nord-Süd: Monolog oder Gespräch? Vom Nachleben der Deutsch-

Römer. In: Chr. Heilmann (Hrsg.): >In uns selbst liegt Italien<. Die Kunst der Deutsch-Römer. München: Hirmer 1987.

517. Metternich-Winnenburg, R. (Hrsg.): Aus Metternichs nachgelassenen Papieren. geord. v. A. von Klinkowström. 8 Bde. Wien 1880-1884. (II/1, 1881, S. 340 (17.7.1820))

518. Meyer, Friedrich: Verzeichnis einer Goethe-Bibliothek. Leipzig 1908.

519. Meyer, Johann Heinrich: Geschichte der Kunst, bearb. u. hrsg. v. Helmut Holtzhauer und Reiner Schlichting. Weimar: Böhlau (Schriften der Goethe-Gesellschaft; 60) 1974.

520. Meysenburg, Malwida von: Memoiren einer Idealistin. 1876. (darin über Begegnung mit Garibaldi in London).

521. Michéa, René: La poésie des ruines au XVIIIe siècle et la contribution de l'Italie à la sensibilité préromantique. Paris 1935.

522. Michel, Chr.: Erläuterungen zum Reise-Tagebuch / Nachwort. In: Goethe. Tagebuch der Italienischen Reise 1786. Notizen und Briefe aus Italien. Mit Skizzen und Zeichnungen des Autors. Hrsg. und erläutert v. Christoph Michel. Frankfurt/M.: Insel Verlag 1976, S. 246-391.

523. Michel, Christoph: Goethes italienisches Tagebuch: Dokument einer Lebenskrise. In: Frankfurter Hefte Jg. 30. 1975. Heft 6. S. 49-62.

524. Michelsen, Peter: Das Italienbild in Wilhelm Heinses "Ardinghello". In: Deutsches Italienbild und italienisches Deutschlandbild im 18. Jahrhundert. Hg. v. Klaus Heitmann und Teodore Scamardi. Tübingen: Max Niemeyer 1993, S. 37-48.

525. Mick, Ernst W. (Hrsg.): Um 1800. Deutsche Kunst von Schadow bis Schwind. Ausstellung Kunsthalle Bremen 1959.

526. Milanesi, M.: Giovanni Battista Ramusios Sammlung von Reiseberichten des Entdeckungszeitalters, "Delle Navigazioni e Viaggi" (1550-1559) neu betrachtet. In: Reiseberichte als Quellen europäischer Kulturgeschichte: Aufgaben und Möglichkeiten der historischen Reiseforschung. Hg. v. Antoni Maczak u. Hans Jürgen Teuteberg. Wolfenbüttel 1982, S. 33-37.

527. Miller, Norbert: Der Wanderer. Goethe in Italien. München: Hanser 2002.

528. Miraglia, Marina (Hrsg.): Giorgio Sommer in Italien. Fotografien 1857-1888. Fotomuseum im Münchner Stadtmuseum 1992. Heidelberg: Ed. Braus 1992.

529. Miraglia, Marina: Note per una storia della fotografia italiana (1839-1911). In: Storia dell' Arte italiana, Bd. 9, Teil II. Turin 1981, S. 421-543.

530. Mitrovich, Mirco: Deutsche Reisende und Reiseberichte im 17. Jahrhundert. Ein kulturhistorischer Beitrag, phil. Diss. Ann Arbor 1963.

531. Mittner, L: Paesaggi italiani di Goethe. In: Atti dell`Istituti Veneto di Scienze, Lettere ed Arti, Jg. CXVI (1957/58), S. 373ff., neuaufgelegt in: La letteratura

tedesca del Novecento e altri saggi. Turin 1960, S. 91-137.

532. Moetter, Gerd van de: Goethe e noi nel Veneto. In: Goethe. Tagebuch der Italienischen Reise für Frau von Stein- Diario del Viaggio in Italia per la Signora von Stein, a cura dell'Assessorato Turismo, Regione Veneto Venedig 1986, S. 15-18.

533. Moetter, Gerd van de: Soziologie des Reisens. Kulturgeschichte Deutscher Italienreisen im 17. und 18. Jahrhundert. Diss. Paderborn 1989.

534. Molo, W. v. (Hrsg.): Italien. Erlebnisse Deutscher in Italien. Berlin: Wegweiser-Verlag 1921.

535. Monnier, Philippe: Venedig im achtzehnten Jahrhundert (Frz.: Venise au XVIIIe siècle, cinquième edition, Paris 1908). München: Müller 1928.

536. Monschau-Schmittmann, Birgid: Julius Hübner (1806-1882). Leben und Werk eines Malers der Spätromantik. Münster u.a.: Lit 1993.

537. Moravia, S.: Philosophie et Géographie à la fin du XVIIIe siècle. In: Studies on Voltaire and the eighteenth century 57 (1967), S. 937-1011.

538. Moritz, Karl Philipp: Über die bildende Nachahmung des Schönen. Braunschweig: Schulbuchhandlung 1788.

539. Moritz, Karl Philipp: Italien und Deutschland in Rücksicht auf Sitten, Gebräuche, Literatur und Kunst: eine Zeitschrift, hrsg. v. Karl Philipp Moritz, Berlin 1789/91.

540. Moritz, Karl Philipp: Schriften zur Ästhetik und Poetik: Kritische Ausg., [hrsg.] v. Hans Joachim Schrimpf, Tübingen: Niemeyer (Neudrucke deutscher Literaturwerke, Neue Folge; 7) 1962.

541. Moritz, Karl Philipp: Werke, hrsg. v. Horst Günther, Bd. 2 (= Reisen, Schriften zur Kunst und Mythologie). Frankfurt/M.: Insel Verlag 1981.

542. Mozzillo, Atanasio: Viaggiatori stranieri nel Sud. Neapel 1964; 2. Aufl. Mailand 1982.

543. Mühlher, Robert: K. Ph. Moritz und die dichterische Phantasie. In: ders., Deutsche Dichter der Klassik und Romantik. Wien: Braumüller 1976. S. 79-259.

544. Mühlmann, Wilhelm E.; Llaryora, Roberto: Strummula siciliana: Ehre, Rang und soziale Schichtung in einer sizilianischen Agro-Stadt, (Studia Ethnologica, hg. von W.E. Mühlmann, E.W. Müller, L.G. Göffler) Meisenheim am Glan: Hain 1973.

545. Mullenbach, H.J.: Die politischen Implikationen der >Grand Tour<. In: Arcadia. Zeitschrift für vergleichende Literaturwissenschaft Bd. 17 (1982), S. 113-125.

546. Müller, Wilhelm: Italienische Reisen und Reisebeschreibungen. In: Konversations-Lexikon. Neue Folge. Bd. 11, 2. Leipzig 1824. S. 713-719.

547. Müller, Wilhelm: Reisebeschreibungen über Italien. In: Hermes. 3. Stück 1820.

S. 265 290. / 1. Stück 1821. S. 247-264. / 2. Stück 1821. S. 248-263. / 3. Stück 1821. S. 177-213.

548. Müller, Wilhelm: Rom, Römer und Römerinnen, Berlin: Rütten & Loening 1991.

549. Mundt, Theodor: Italienische Zustände. 4 Bde. Berlin: Janke 1859-1861.

550. Münz, Ludwig: Goethes Zeichnungen und Radierungen. Wien: Druck u. Verlag der Österreich. Staatsdruckerei 1949.

551. Münz, Siegmund: Römische Reminiszenzen und Profile. Berlin 1900.

552. Muschg, Walter: Studien zur tragischen Literaturgeschichte. Bern/München: Francke 1965.

553. Museum der bildenden Künste und Leipziger Kunstverein: Deutsch-Römische Malerei und Zeichnung 1790-1830. Leipzig: Das Museum 1926.

554. Nadler, Josef: Rom. In: ders., Literaturgeschichte des Deutschen Volkes. Dichtung und Schrifttum der deutschen Stämme und Landschaften. Berlin 1938. Bd.2. S.274-289. Bd.3. S.49-62.

555. Naumann, Gustav: Rom im Liede. Eine Anthologie. Leipzig: Naumann 1896.

556. Nette, Herbert (Hrsg.): Die großen Deutschen in Italien. Dichtung, Briefe und Berichte ausgew. von H. Nette. Darmstadt: Wittich 1938.

557. Neutsch, Bernhard: Antikenerlebnisse Goethes in Italien und ihre Nachklänge, Heidelberger Jahrbücher; 7, Heidelberg: Springer 1963.

558. Neutsch, Bernhard: Pompeiani in Weimar. In: Neue Forschung in Pompeji und den anderen vom Vesuvausbruch 75 nach Christus verschütteten Städten, hg. von Bernhard Andreae u. Helmut Kyrieleis, Recklinghausen: Bongers 1975.

559. Neutsch, Bernhard: Goethe e il Museo Maffeiano. In: Commune di Verona, Dir. Musei, Nuovi Studi Maffeiani, atti del Convegno S. Maffei e il Museo Maffeiano, Verona, 18/19, Nov. 1983, S. 97-119.

560. Newhall, Beaumont: Geschichte der Photographie. München: Schirmer-Mosel 1984.

561. Niebuhr, Barthold Georg: Briefe (Bd. 1: Briefe aus Rom: 1816-1823.) Hrsg. v. E. Vischer, Bern: Francke 1981.

562. Niederer, Heinrich: Reisen: eine lehrbare Kunst? Vorarbeiten für eine künftige Pädagogik des Reisens. Phil. Diss. Tübingen 1977.

563. Niederer, Heinrich: Goethes unzeitgemäße Reise nach Italien 1786-1788. In: Jahrbuch des Freien Deutschen Hochstifts. Tübingen: Niemeyer 1980, S. 55-107.

564. Nietzsche, Friedrich: Werke, hrsg. v. Karl Schlechta, Bd. 4 (= Aus dem Nachlaß der Achtzigerjahre: Briefe (1861-1889). Frankfurt/M u.a.: Hauser 1977.

565. Noack, F.: Deutsches Gewerbe in Rom. In: Vierteljahresschrift für Sozial- und Wirtschaftsgeschichte, Jg. XIX (1926), S. 266ff.

566. Noack, Friedrich: Das deutsche Rom. Rom: Frank & Co 1912.
567. Noack, Friedrich: Das Deutschtum in Rom seit dem Ausgang des Mittelalters. 2 Bde. Stuttgart u.a.: Deutsche Verlags-Anstalt 1927.
568. Noack, Friedrich: Deutsches Leben in Rom 1700 bis 1900. Stuttgart/Berlin: Cotta 1907. Reprint 1971.
569. Noack, Friedrich: Die römische Campagna. Rom: Frank 1910.
570. Nohl, Johannes: Goethe als Maler Möller in Rom, Weimar: Kiepenheuer 1955.
571. Nordhoff, Claudia; Reimer, Hans: Jakob Philipp Hackert 1737-1807. Verzeichnis seiner Werke. Berlin: Akademie Verlag 1994.
572. Nuffel, R. van: Giovanni Berchet. Lettere alla marchesa Costanza Arconti. (Istituto per la storia del Risorgimento italiano. Biblioteca scientifica, 2a serie: Fonti, 38, 60). Roma 1956-1960.
573. Oesterle, Günter: Italien in Aneignung und Widerspruch. Reihe der Villa Vigoni Bd. 10. Tübingen: Max Niemeyer 1996.
574. Oettermann, Stephan: Das Panorama. Die Erfindung eines Massenmediums. Frankfurt/M.: Syndikat 1980.
575. Osterkamp, Ernst (Hrsg.): Sizilien. Reisebilder aus drei Jahrhunderten, München: Winkler 1986.
576. Oswald, Stefan: Italienbilder: Beitrag zur Wandlung der deutschen Italienauffassung 1770-1840. Phil. Diss. Heidelberg 1984.
577. Oswald, Stefan: Zwischen Vanitas und Empfindsamkeit - die Ruinen Roms bei Barthold Heinrich Brockes. In: Italienische Reise. Reisen nach Italien. Hrsg. v. Italo Michele Battafarano. Gardolo di Trento: Reverdito 1988.
578. Overbeck, Friedrich: Friedrich Overbeck: sein Leben und Schaffen [...], hrsg. v. Franz Binder, in 2 Bänden. Reprint. Bern: H. Lang 1971.
579. Palazzoli, Daniela (Hrsg.): Venezia 79: la fotografia. Mailand: Electa 1979.
580. Panofsky, E.: Et in arcadia ego. Essays presented to Ernst Cassirer. Oxford 1936.
581. Parpagliolo, Luigi: Italia negli scrittori italiani e stranieri, 6 Bde., Rom 1928-1941.
582. Pascal, Roy: Der Sturm und Drang. Stuttgart: Kröner 1977.
583. Passavant, Johann David: Rafael von Urbino und sein Vater Giovanni Santi, in zwei Teilen mit 14 Abb. Leipzig: Brockhaus 1839.
584. Patrucco Becchi, Anna: I diversi volti della Germania nelle relazioni di viaggio italiane del Settecento. In: Deutsches Italienbild und italienisches Deutschlandbild im 18. Jahrhundert. Hg. v. Klaus Heitmann und Teodore Scamardi. Tübingen: Max Niemeyer 1993, S. 112-121.
585. Pätzold, Hartmut: Naturerlebnis, Emanzipation und Gesellschaftsflucht:

Versuch einer Interpretation zu dem Gedicht des jungen Goethe >Auf dem See<. In: Naturlyrik und Gesellschaft, hrsg. von Norbert Mecklenburg, Stuttgart: Klett-Cotta 1977, S. 56-73

586. Paulus, Eduard: Ein Ausflug nach Rom. Stuttgart: Neff 1870.

587. Pescarzoli, Antonio (Hrsg.): I libri di viaggio e le guide della raccolta Luigi Vittorio Fossati Bellani. Catalogo descrittivo. 3 vol. Roma 1957.

588. Petriconi, Hellmuth: Das neue Arkadien. In: Garber, Klaus (Hrsg.): Europäische Bukolik und Georgik. Darmstadt: Wiss. Buchges., 1976. S. 181-201.

589. Piantoni, G.: Böcklin und die römische Kultur Ende des 19. Jahrhunderts. In: Chr. Heilmann (Hrsg.): "In uns selbst liegt Italien". Die Kunst der Deutsch-Römer. München: Hirmer 1987.

590. Pignatti, Terisio: Il Quaderno di disegni del Canaletto alle Gallerie di Venezia. Mailand 1958.

591. Pikulik, Lothar: Seume. In: Deutsche Dichter des 18. Jahrhunderts. Hrsg. v. Benno von Wiese. Berlin: E. Schmidt 1977. S. 972-994.

592. Pinnau, Ruth Irmgard: Johann Martin von Rohden. 1778-1868. Leben und Werk. Bielefeld u.a.: Broelemann 1965.

593. Piwitt, Hermann Peter: In den Armen des Kraken: Latium - Land um Rom. In: ders.: Boccherini und andere Bürgerpflichten. Reinbek bei Hamburg: Rowohlt 1976.

594. Planer, Oskar; Reissmann, Camillo: Johann Gottfried Seume. Geschichte seines Lebens und seiner Schriften. Leipzig 1898.

595. Plank, E.: Italien bei Paul Heyse, Richard Voß und Isolde Kurz. Phil. Diss. Wien 1949.

596. Plessen, Marie-Loise von (Hrsg.): Sehsucht: das Panorama als Massenunterhaltung des 19. Jahrhunderts. Kunst- und Ausstellungshalle der BRD 1993. Bonn 1993.

597. Poerio, Alessandro: Il viaggio in Germania. Il carteggio letterario ed altre prose. A cura di Benedetto Croce. Firenze 1917.

598. Pohlmann, Ulrich: Barbizon und die Photographie. In: Corot, Courbet und die Maler von Barbizon. Haus der Kunst München 1996, hg. v. Christoph Heilmann, Michael Clarke, John Sillevis, S. 403-416.

599. Pohlmann, Ulrich: Viktorianische Photographie 1840-1890. Heidelberg 1993.

600. Polaczek, Dietmar: Die armen Reichen vor dem Bildschirm. Italiens Fernsehen - Verdummung oder Befreiung? In: Freibeuter. Vierteljahreszeitschrift für Kultur und Politik. Bd. 44. Berlin: Wagenbach, 1990. S. 59-68.

601. Portmann, Adolf: Goethe und der Begriff der Metamorphose. In: Goethe-Jahrbuch, hrsg. v. Helmut Holtzhauer. Weimar: Böhlau 1973, S. 11-21.

602. Portner, Ernst: Die Einigung Italiens im Urteil liberaler deutscher Zeitgenossen. Bonn: Röhrscheid 1959.

603. Posselt, Franz: Apodemit oder die Kunst zu reisen: ein systematischer Versuch zum Gebrauch junger Reisenden aus den gebildeten Ständen überhaupt und angehender Gelehrten und Künstler insbesondere, 2 Bde., Leipzig: Breitkopf 1795.

604. Prang, Helmut: Goethe und die Kunst der italienischen Renaissance. Diss. Berlin 1937.

605. Preller, Friedrich d. J.: Tagebuch des Künstlers, herausgegeben und biographisch vervollständigt von Max Jordan. München/Kaufbeuren 1904.

606. Prutz, Robert: Über Reisen und Reiseliteratur der Deutschen. In: ders.: Kleine Schriften. Zur Politik und Literatur. Bd. 1. Merseburg 1847, S. 232 - 257.

607. Prutz, Robert: Wilhelm Waiblinger. In: ders.: Kleine Schriften. Zur Politik und Literatur. Bd. 2. Merseburg 1847. S. 232 - 257.

608. Ragioneri, Ernesto: Italia giudicata. 1861-1945 ovvero la storia degli italiani scritta dagli altri. Bari 1969.

609. Ranke, Winfried: Muss ein >Deutsch-Römer< Idealist sein? In: Chr. Heilmann (Hrsg.): >In uns selbst liegt Italien<. Die Kunst der Deutsch-Römer. München: Hirmer 1987.

610. Reden-Dohna, Armgard von (Hrsg.): Deutschland und Italien im Zeitalter Napoleons. Deutsch-italienisches Historikertreffen in Mainz 1975. Wiesbaden: Steiner 1979.

611. Rehm, W.: Der Reiseroman. In: Reallexikon der deutschen Literaturgeschichte III, 1928/29, S. 44-47.

612. Rehm, Walter: Europäische Romdichtung. 2., durchges. Auflage. München: Hueber 1960.

613. Rehm, Walter: Johann Hermann von Riedesel, Freund Winckelmanns, Meister Goethes ... in: ders.: Götterstille und Göttertrauer. Aufsätze zur deutsch-antiken Begegnung. München 1951. S. 202 - 247.

614. Rehm, Walter: Viktor Hehn und Italien. In: ders.: Götterstille und Göttertrauer. Aufsätze zur deutsch-antiken Begegnung. München 1951, S. 274 - 298.

615. Repgen, K.: Lucas Holstenius als politischer Gutachter in Rom. In: Quellen und Forschungen aus italienischen Archiven und Bibliotheken, Bd. 39 (1959), S. 342-352.

616. Requadt, Paul: Die Bildersprache der deutschen Italiendichtung: von Goethe bis Benn, S. 53 ff., Bern/München: Francke 1962.

617. Reuchlin, H.: Geschichte Italiens von der Gründung der regierenden Dynastien bis zur Gegenwart. 4 Bde. Leipzig 1859-1873.

618. Reumont, A.: Descrizione di Firenze nell'anno 1598 di Ludovico prinicipe di Anhalt, nell'Accademia della Crusca >L'Acceso<. In: Archivio Storico Italiano (1859), S. 101-117.

619. Richter, Ludwig: Lebenserinnerungen eines deutschen Malers. Selbstbiographie nebst Tagebuchniederschriften und Briefen. Leipzig 1909.

620. Ridder-Symoens, Hilde de: Die Kavalierstour im 16. und 17. Jahrhundert. In: Der Reisebericht. Die Entwicklung einer Gattung in der deutschen Literatur. Hrsg. v. Peter J. Brenner. Frankfurt/M.: Suhrkamp 1989. S. 197-223.

621. Riedel, M.: Vom Biedermeier zum Maschinenzeitalter. Zur Kulturgeschichte der ersten Eisenbahnen in Deutschland. In: Archiv für Kulturgeschichte, Bd. 43 (1961), S. 100-123.

622. Riemerschmid, Werner: Italien im deutschen Gedicht, hrsg. v. Werner Riemerschmid u. Karlheinz de Bruyn. München: Alber 1943.

623. Rilke, Rainer Maria: Briefe aus den Jahren 1892-1904. Leipzig 1906. (Gesammelte Briefe, hg. v. Ruth Sieber-Rilke u. Carl Sieber)

624. Ringseis, Johann Nepomuk von: Erinnerungen. Ges., erl. und hrsg. v. Emilie Ringseis. 4 Bde. Regensburg 1886/92.

625. Ritter, Carl: Italien, die Apeninnen-Halbinsel. In: ders., Europa. Vorlesungen an der Universität zu Berlin gehalten. Hrsg. v. H. A. Daniel. Berlin 1863. S. 304-321.

626. Ritter, Dorothea: Florenz und die Toskana. Photographien 1840-1900. Schack-Galerie München 1997/98; Edwin Scharff Museum Neu-Ulm 1998/99. Heidelberg: Braus 1997.

627. Ritter, Dorothea: Venedig in frühen Photographien von Domenico Bresolin. Schack-Galerie München 1996/97. Heidelberg: Ed. Braus 1996.

628. Ritter, Dorothea: Venedig in historischen Photographien 1841-1920. München: Beck 1994.

629. Robaut, Alfred: L'oeuvre de Corot. Catalogue raisonnée et illustré. Bd. 4. Paris 1965.

630. Robel, Gert (Hrsg.): Reisen und Reisebeschreibungen im 18.und 19. Jahrhundert als Quellen der Kulturbeziehungsforschung. Berlin: Camen 1980.

631. Robels, Hella: Sehnsucht nach Italien. Deutsche Zeichner im Süden 1770 - 1830. Eine Ausstellung für Horst Keller zum 60. Geburtstag. Köln: Wallraf-Richartz-Museum 1972.

632. Robels, Hella: Sehnsucht nach Italien: Bilder deutscher Romantiker. München: Hirmer 1974.

633. Rodenwaldt, Gerhart: Goethes Besuch im Museum Maffeianum zu Verona, Berlin: de Gruyter 1942.

634. Roeck, B.: Jacob Burckhardt und die venezianische Renaissance. In: A. Buck

(Hrsg.): Renaissance und Renaissancismus von Jacob Burckhardt bis Thomas Mann. Tübingen: Niemeyer 1990.

635. Rohrer, Max (Hrsg.): Johann Gottfried Seume. Spaziergang nach Syrakus im Jahre 1802. Berlin o. J.

636. Röhricht, R.: Deutsche Pilgerreisen nach dem Heiligen Lande (Neudruck der neuen Ausgabe Innsbruck 1900). Aalen 1967.

637. Romano, Serena (Hrsg.): L'immagine di Roma 1848-1895: la città, l'archeologia, il medioevo nei calotipi del Fondo Tuminello. Neapel: Electa 1994.

638. Rüdiger, Horst: Winckelmann und Italien: Sprache, Dichtung, Menschen. Krefeld: Scherpe 1956.

639. Rüdiger, Horst: L'immagine dell'Italia nello sviluppo della civilta tedesca dalla controriforma all'ultimo Romanticismo. In: Acme. Annali della facolta di Filosofia e Lettere dell'Universita Statale di Milano. N. 3. 1950. S. 355-381.

640. Rüdiger, Horst: Literarisches Klischee und lebendige Erfahrung: Über das Bild des Deutschen in der italienischen Literatur und des Italieners in der deutschen Literatur. Düsseldorf 1970.

641. Rüdiger, Horst: Zur Komposition von Goethes >Zweitem römischen Aufenthalt<: das melodramatische Finale und die Novelle von der schönen Mailänderin. In: Aspekte der Goethezeit, hg. v. Stanley A. Corngold, Michael Curschmann et al. Göttingen: Vanden Moeck & Ruppecht 1977, S. 97-114

642. Ruland, Ilse: Wilhelm Waiblinger in seinen Prosawerken. Stuttgart 1922.

643. Rumpf, Andreas: Goethe und die Antiken. Krefeld: Scherpe (Kölner Universitätsreden; 6) 1949.

644. Rumpf-Fleck, J.: Frankfurter Patrizier und Gelehrte als Förderer italienischer Kultur, mit besonderer Berücksichtigung J. Caspar Goethes. In: ders., Italienische Kultur in Frankfurt am Main im 18. Jahrhundert. Stuttgart 1936.

645. Rumpf-Fleck, Josefine: Der Einfluß des Italienerlebnisses auf die Entwicklung der deutschen Wissenschaft im frühen 19. Jahrhundert. In: Germanisch-Romanische Monatsschrift 19. 1931. S. 174-189.

646. Ruof, Friedrich: Johann Wilhelm von Archenholtz. Ein deutscher Schriftsteller zur Zeit der Französischen Revolution und Napoleons (1741 - 1812). Berlin 1915. Reprint Vaduz 1965.

647. Ruppert, Hans: Goethes Bibliothek: Katalog, Bearb. d. Ausg. Hans Ruppert. Weimar: Arion Verlag 1958.

648. Sacerdote, Gustavo (Hrsg.): Land und Leute in Italien. Berlin: Langenscheidt 1925 (3. Auflage).

649. Sattler, B. (Hrsg.): Adolf von Hildebrand und seine Welt. Briefe und Erinnerungen. Bayerische Akademie der Schönen Künste (Hrsg.), besorgt von B. Sattler. München: Callwey 1962.

650. Sauer, August: Proben eines Kommentars zu Grillparzers Gedichten. In: Jahrbuch der Grillparzer-Gesellschaft. Jg. 7. Wien 1897. S. 1-170.

651. Sauerland, K.: Der Übergang der gelehrten zur aufklärerischen Reise im Deutschland des 18. Jahrhunderts. In: Virtus et Fortuna. Festschrift für Hans-Georg Roloff, hg. v. Joseph P. Strelka u. Jörg Jungmayr. Bern u.a.: Lang 1983, S. 557-570.

652. Scamardi, Teodoro: >Briganti e assassini nella più bella provincia della bella Italia<. L'immagine della Calabria nella Germania del sec. XVIII. In: Deutsches Italienbild und italienisches Deutschlandbild im 18. Jahrhundert. Hg. v. Klaus Heitmann und Teodore Scamardi. Tübingen: Max Niemeyer 1993, S. 84-101.

653. Schadendorf, Wulf: Zu Pferde, im Wagen, zu Fuß. Tausend Jahre Reisen. München: Prestel 1959.

654. Scharf, Aaron: Art and Photography. London: Penguin 1969.

655. Scharpen, Antje von: Im Spiegel des anderen. Italien und die Italiener in der deutschen und Deutschland und die Deutschen in der italienischen Literatur seit 1945. Berlin: Wissenschaftlicher Verlag Berlin 1999.

656. Scheffler, Gisela (Hrsg.): Deutsche Künstler um Ludwig I. in Rom. Ausstellung in der Neuen Pinakothek 1981. München: Staatliche Graphische Sammlung 1981.

657. Schieder, Th.: Das Italienbild der deutschen Einheitsbewegung. In: Schieder, Theodor: Begegnungen mit der Geschichte. Göttingen: Vandenhoeck & Ruprecht 1962, S. 210ff.

658. Schiemann, Theodor: Viktor Hehn, ein Lebensbild. Stuttgart 1894.

659. Schivelbusch, W.: Das panoramatische Reisen. In: ders., Geschichte der Eisenbahnreise. Zur Industrialisierung von Raum und Zeit im 19. Jahrhundert, Frankfurt/M. /Berlin u.a.: Ullstein 1979, S. 51-67; und in: Saeculum 27 (1977), S. 110-120.

660. Schlaffer, Hannelore und Schlaffer, Heinz: Studien zum ästhetischen Historismus. Frankfurt/M.: Suhrkamp 1975 (S. 54ff).

661. Schlosser, Julius von: Die Kunst- und Wunderkammern der Spätrenaissance, Leipzig: Seemann 1908.

662. Schlözer, Leopold von: Dorothea von Schlözer, der Philosophie Doctor: Ein deutsches Frauenleben um die Jahrhundertwende. Stuttgart u.a.: Deutsche Verlags-Anstalt 1923.

663. Schmaltz, Bernhard: Griechische Grabreliefs. Darmstadt: Wiss. Buchges. 1983, S. 24ff. [Zu Goethes Deutung der Veroneser Grabsteine]

664. Schmidt, Alfred: Goethes herrlich leuchtende Natur: philosophische Studie zur deutschen Spätaufklärung. München/Wien: Hanser 1984.

665. Schmidt, Erich: Einleitung zu Tagebücher und Briefe Goethes aus Italien an

Frau von Stein und Herder. Hrsg. v. E. Schmidt. Schriften der Goethe-Gesellschaft Bd. 2. Weimar 1886.

666. Schmidt, Fritz: Zur Genese kapitalistischer Konsumformen im Venedig der Frühen Neuzeit. In: Reulecke, Jürgen (Hrsg.): Stadtgeschichte als Zivilisationsgeschichte. Beiträge zum Wandel städtischer Wirtschafts-, Lebens- und Wahrnehmungsweisen. Siegener Studien. Bd. 47. Essen: Die Blaue Eule 1990.

667. Schmidt-Bergmann, H.: Geschichte meiner Empfindungen - Die Tagebücher des August Graf von Platen. In: A. von Platen: Memorandum meines Lebens. Hg. v. Gert Mattenklott u. Hansgeorg Schmidt-Bergmann. Frankfurt: Athenäum 1988, S. 1-14.

668. Schmoll gen. Eisenwerth, J. Adolf: Malerei nach Fotografie. Von der Camera Obscura bis zur Pop Art. Eine Dokumentation. Ausstellung im Münchner Stadtmuseum 1970.

669. Schneider, Fritz: Goethes Heimkehr aus Italien. Heidenheim a. d. Brenz: Edelmann 1957.

670. Schneider, Karl Friedrich R.: Italien in geographischen Lebensbildern. Aus dem Munde der Reisenden gesammelt und zusammengestellt v. Karl Friedrich R. Schneider. Glogau 1863,

671. Schnorr von Carolsfeld, Julius: Briefe aus Italien, geschrieben in den Jahren 1817 bis 1827. Gotha 1886.

672. Schrader, Otto: Viktor Hehn. Ein Bild seines Lebens und seiner Werke. Berlin 1891.

673. Schreiner, Ludwig: Die Villa Raffael in Rom. In: Niederdeutsche Beiträge zur Kunstgeschichte, Bd. 12, 1973, S. 269-280.

674. Schrimpf, Hans Joachim: Karl Philipp Moritz. Stuttgart: Metzler 1980.

675. Schubert, Ernst: Geschichte der deutschen evangelischen Gemeinde zu Rom. Leipzig 1930.

676. Schuchardt, Christian: Goethe's Kunstsammlungen, beschrieben von Chr. Schuchardt, T. 1-3, Jena: 1848-49

677. Schudt, Ludwig (Hrsg.): Le guide di Roma. Materialien zu einer Geschichte der römischen Topographie. Wien/Augsburg: Filser 1930.

678. Schudt, Ludwig: Italienreisen im 17. und 18.Jahrhundert. Wien/München: Schroll 1959.

679. Schudt, Ludwig: Romreisen in drei Jahrhunderten. In: Italien. I. 1928. 3. Heft.

680. Schulte-Arndt, Monika (Hrsg.): Ernst Rietschel. Jugenderinnerungen. Leipzig: Evan. Verlags-Anstalt 1994.

681. Schulte-Arndt, Monika (Hrsg.): Unter italienischem Himmel wächst wahre Kunst hervor: Peter Ferdinand Deurer, 1777-1844, Ludwig Deurer 1806-1847; Landschaftszeichnungen der Romantik. Städtische Kunsthalle Mannheim;

Folkwang-Museum Essen; Städtische Kunstsammlung Augsburg 1997. Frankfurt/M.: Fichter 1997.

682. Schulte-Arndt, Monika: Vom Klassizismus zur Spätromantik. Zeichnungen und Aquarelle 1770-1860. Berlin 1997 (Bd. 1/2 der Reihe: Die Zeichnungen und Aquarelle des 19. Jahrhunderts der Kunsthalle Mannheim. Hrsg. v. Manfred Fath).

683. Schulte-Arndt, Monika (Hrsg.): Im Land der Sehnsucht. Mit Bleistift und Kamera durch Italien. 1820 bis 1880. Ausstellung Kunsthalle Bremen 1998. Frankfurt/M.: Fichter 1998.

684. Schultz, Theodor: Platens Venedig-Erlebnis. Berlin: Ebering 1940.

685. Schulz, W.: Italien. In: Staatslexikon, Bd. 8, 1839, S. 394-434. (geänderte Fassung in d. 2. Aufl. S. 526)

686. Schulze Altcappenberg, Hein-Th.: Passieren deit jeden wat. Zur Ikonologie der Bildergruppe >Überfahrt am Schreckenstein bei Aussig< von Ludwig Richter. In: Niederdeutsche Beiträge zur Kunstgeschichte, Bd. 21. München/Berlin: Deutscher Kunstverlag 1982, S. 137 155

687. Schumacher, Martin: Auslandsreisen deutscher Unternehmer 1750-1857 unter besonderer Berücksichtigung von Rheinland und Westfalen (Schriften zur rheinisch-westfälischen Wirtschaftsgeschichte, Bd. 17). Köln: Rheinisch-Westfälisches Wirtschaftsarchiv 1968.

688. Schütze, Jochen K.: Goethe-Reisen. Wien: Passagen Verlag, 1998.

689. Schwartz, Maria E. von: Garibaldi in Varignano 1862 und auf Caprera im October 1863. Leipzig: Wigand 1864.

690. Schwarz, Heinrich: Art and Photography. In: Magazine of Art, Vol. 44, Nr. 7 (Nov. 1949), S. 252-257.

691. Schwarz, Waltraut: Bologna ja - Bologna nein. La città nella letteratura tedesca dal Medio Evo ad oggi. Bologna: Capelli 1975.

692. Schwarz, Waltraut: Deutsche Dichter in Bologna, Bologna in der deutschen Dichtung. Bologna 1972.

693. Schwarz, Waltraut: Umilissima giustificazione dell'umilissimo mercatore in campo di viaggi. In: Bollettino del CIRVI 1. Gennaio-Giuno 1980. Anno 1. S. 57-60.

694. Schwarz, Waltraut: Una bibliographia sui viaggiatori tedeschi in Italia. In: Bollettino del CIRVI 1. Gennaio-Giugno 1980. Anno 1. S, 63 - 66.

695. Schwemmer, Wilhelm: Johann Adam Klein. Ein Nürnberger Meister des 19. Jahrhunderts. Nürnberg: Carl 1966.

696. Segre, Carlo: Itinerari di stranieri in Italia. Mailand: Mondadori 1938.

697. Semper, Max: Die geologischen Studien Goethes: Beiträge zur Biographie Goethes und zur Geschichte und Methodenlehre der Geologie, Leipzig: Veit 1914.

698. Seuffert, B.: Der Herzogin Anna Amalia Reise nach Italien. In: Preußische Jahrbücher, Jg. LXV, H. 5, Berlin, S. 535-565.

699. Seuffert, Thea von: Venedig im Erlebnis deutscher Dichter. Köln: Petrarca-Haus 1937.

700. Seume, Johann Gottfried: Spaziergang nach Syrakus im Jahre 1802, hrsg. v. Hans Magnus Enzensberger. Nördlingen: Greno 1985.

701. Sgrilli, G.: Viaggi e viaggiatori nella seconda metà del Settecento. In: Miscellanea di Studi Critici, Bd. II, Florenz 1907, S. 277-308.

702. Siebenhüner, Herbert: Der Palazzo Barbarigo della Terrazza in Venedig und seine Tizian-Sammlung (Centro Tedesco di Studi Veneziani, Bd. 3). München: Deutscher Kunstverlag 1981.

703. Siegert, Dietmar: Rom vor hundert Jahren. Photographien 1846-1890. Ebersberg: Edition Achteinhalb 1985.

704. Siegert, Dietmar: Venedig in frühen Photographien 1848-1905. Ebersberg: Edition Achteinhalb 1984.

705. Sieveking, Hinrich (Hrsg.): Von Füssli bis Menzel. Aquarelle und Zeichnungen der Goethezeit aus einer Münchner Privatsammlung. Kunstsammlungen zu Weimar; Haus der Kunst München 1997; Städelsches Kunstinstitut Frankfurt/M. 1997/98. München; New York: Prestel 1997.

706. Simmel, Georg: Rom, Florenz und Venedig. In: ders., Zur Philosophie der Kunst. Philosophische und kunstphilosophische Aufsätze, Potsdam: Kiepenheuer 1922.

707. Simmel, Georg: Die Ruine. In: ders., Philosophische Kultur. Ges. Essays. Potsdam: Kiepenheuer 1923.

708. Simonsfeld, H.: Der Fondaco dei Tedeschi in Venedig und die deutsch-venetianischen Handelsbeziehungen. 2 Bde. Stuttgart 1887.

709. Smidt, H.: Deutsche Romfahrer von Winckelmann bis Böcklin. Ein Jahrhundert römischen Lebens in Tagebuchblättern und Briefen. Leipzig 1903.

710. Smidt, H.: Deutsche Romfahrer von Winckelmann bis Böcklin. Ein Jahrhundert römischen Lebens in Tagebuchblättern und Briefen. Leipzig 1903.

711. Sombart, Werner: Liebe, Luxus, Kapitalismus. Berlin 1912.

712. Sorbelli, Albano: Bologna negli scrittori stranieri, 4 Bde. Bologna: Zanichelli 1927-1930.

713. Springer, Robert: Garibaldi. Das Haupt des jungen Italiens: Sein Leben, seine Abenteuer und Heldenthaten. Historisch-politischer Roman aus der neuesten italienischen Geschichte. 3 Bde. Berlin 1861.

714. Städtische Kunsthalle Mannheim: Zwanzig Jahre Graphisches Kabinett. Aquarelle, Zeichnungen, graphische Blätter aus den Sammlungen der Städtischen Kunsthalle Mannheim. Mannheim 1929.

715. Stagl, J.: Vom Dialog zum Fragebogen. Miszellen zur Geschichte der Umfrage. In: Kölner Zeitschrift für Soziologie und Sozialpsychologie, hrsg. v. René König (1979), S. 611-638.

716. Steiger, Günter: Urburschenschaft und Wartburgfest. Leipzig/Jena/Berlin: Urania-Verlag 1967.

717. Steinacker, Karl: Barthold von Gadenstedt's Italienreise 1587-1589. Ostfälische Kulturbeziehungen zu Italien im 16. Jahrhundert. Braunschweig 1941.

718. Steinkamp, Volker: Zum Preußenbild in La Prusse littéraire von Carlo Denina. In: Deutsches Italienbild und italienisches Deutschlandbild im 18. Jahrhundert. Hg. v. Klaus Heitmann und Teodore Scamardi. Tübingen: Max Niemeyer 1993, S. 170-179.

719. Stelzer, Otto: Kunst und Photographie: Kontakte, Einflüsse, Wirkungen. München: Piper 1966.

720. Stephan, Inge: Johann Gottfried Seume. Ein politischer Schriftsteller der deutschen Spätaufklärung. Stuttgart: Metzler 1973.

721. Stewart, William E.: Die Reisebeschreibung und ihre Theorie im Deutschland des 18. Jahrhunderts, (Literatur und Wirklichkeit, hrsg. v. K.O. Conrady Bd. 20) Bonn: Bouvier 1978.

722. Stiller, Otto: J. J. Volkmann, eine Quelle für Goethes Italienische Reise. Berlin: Weidmann 1908.

723. Stillman Hillard, George: Six Months in Italy. Boston 1855.

724. Strelka, Josef: Der literarische Reisebericht. In: Jahrbuch für Internationale Germanistik 3. 1971. Heft 1. S. 63-75.

725. Stubbe, Wolf (Hrsg.): Ein Hamburger Romantiker in Italien. Aus den Briefen von Erwin Speckter. Hamburg 1978.

726. Stumpf, C. (Hrsg.): Richard Payne Knight. Expedition into Sicily. Edited by Claudia Stumpf (British Museum Publications). Hampshire 1986.

727. Tarr, László: Karren, Kutsche, Karosse. Eine Geschichte des Wagens, München/Basel/Wien: BLV-Verlagsges. 1970.

728. Tecchi, Bonaventura: Wilhelm Waiblinger. In: ders., Svevi minori. Caltanissetta/Roma 1975, S. 131 - 246.

729. Tenenti, A.: Venezia e il Veneto nella pagine dei Viaggiatori Stranieri (1650-1790). In: Storia della Cultura Veneta, 5/1 (1981), S. 557-578.

730. Thöne, Friedrich: Ein deutschrömisches Skizzenbuch von 1609-1611. Berlin: Dt. Verein für Kunstwissenschaft 1960.

731. Tischbein, Johann Heinrich Wilhelm: Aus meinem Leben, hrsg. v. Lothar Brieger. Berlin: Propyläen-Verlag 1922.

732. Toscani, Ignazio: Etatistisches Denken und erkenntnistheoretische

Überlegungen in den venezianischen Relazionen. In: Statistik und Staatsbeschreibung in der Neuzeit, hg. v. M. Rassem, J. Stagl. Paderborn: Schöningh 1980, S. 111-124.

733. Treitschke, H. von: Cavour. In: Historische und politische Aufsätze, Bd. 2, Leipzig 1921, S. 236-392, S. 242f.

734. Tresoldi, Lucia: Viaggiatori tedeschi in Italia 1452-1870. Saggio bibliografico, 2 Bde. Rom: Bulzoni 1975.

735. Treue, W.: Zum Thema der Auslandsreisen im 17. Jahrhundert. In: Archiv für Kulturgeschichte 35 (1953), S. 199-211.

736. Trunz, Erich: Weimarer Goethe-Studie. Weimar: Böhlau 1980, S. 35-37.

737. Tuoni, D. d.: Volfango Goethe a Vicenza. In: Ateneo Veneto. Jg. CXXXII (1941) S. 234-249.

738. Tursi, A.: Di una bibliografia di viaggiatori stranieri in Italia. In: Nuova Rivista Storica, Jg. XL (1956); erneut abgedruckt in: Venezia nelle letterature moderne, Venedig 1961, S. 354-368.

739. Tuzet, Hélène: La Sicile au 18e siècle vue par les voyageurs étrangers. Straßburg: Heitz 1955.

740. Tuzet, Hélène: Voyagers francais en Sicile au temps du romanticisme. Paris: Boivin 1945.

741. Twain, Mark: The Innocents Abroad. Hartfort, Conn. 1869.

742. Uhlig, Ludwig: Goethes >Römisches Carneval< im Wandel seines Kontexts. In: Euphorion Bd. 72. 1978. S. 84-95.

743. Ueding, Gert: Klassik und Romantik. Deutsche Literatur im Zeitalter der Französischen Revolution 1789-1815. In: Hansers Sozialgeschichte der deutschen Literatur vom 16. Jahrhundert bis zur Gegenwart. Hrsg. v. Rolf Grimminger. Bd. 4. München, Wien: Hanser 1987. S. 781.

744. Unger, T.: Das Land der Sehnsucht. E. T. A. Hoffmann und Italien. In: Journal of English and German Philology, Vol. 102 (2003), S. 413-414.

745. Vasari, Giorgio: Lebensbeschreibungen der ausgezeichneten Maler, Bildhauer und Architekten der Renaissance nach Dokumenten u. mündlichen Berichten dargest., hrsg. v. Ernst Jaffé, Berlin: Bard 1913.

746. Venturi, F.: L'Italia fuori d'Italia. In: AA. VV. Storia d'Italia, Bd. III, Turin 1973, S. 885-1481.

747. Vetter, Verena: Baslerische Italienreisen vom ausgehenden Mittelalter bis in das 17. Jahrhundert (Basler Beiträge zur Geschichtswissenschaft, Bd. 44). Basel: Helbing & Lichtenhahn 1952.

748. Vianello, L.: Volfango Goethe a Venezia. In: Ateneo Veneto, JG. XXVIII (1904), S. 3-43.

749. Vischer, Friedrich Th.: Eine Reise. In: Kritische Gänge, I, Leipzig 1914, S. 309-450.

750. Vischer, Friedrich Th.: An Herrn Staatsrat Hehn in Petersburg. In: Kritische Gänge, I, Leipzig 1914, S. 499-507.

751. Vischer, Friedrich Th.: Durcheinander aus Oberitalien. In: Kritische Gänge, VI, 1922, S. 180-204.

752. Vischer, Friedrich Th.: Ein italienisches Bad. In: Kritische Gänge, VI, München 1922, S. 296-325.

753. Vischer, Friedrich Th.: Noch ein Wort über Tiermißhandlung in Italien. In: Kritische Gänge, VI, S. 326-336.

754. Vischer, Friedrich Th.: Briefe aus Italien. München 1907.

755. Vitali, Christoph (Hrsg.): Ernste Spiele. Der Geist der Romantik in der deutschen Kunst 1790-1990. Ausstellung im Haus der Kunst München 1995. Stuttgart: Oktagon 1995.

756. Vogel, Julius: Goethe in Venedig, Leipzig: Klinkhardt & Biermann 1918.

757. Vogler, C. H.: Der Bildhauer Alexander Trippel aus Schaffhausen, Schaffhausen: Schoch, (Schaffhauser Neujahrsblätter 1892 und 1893)

758. Voigt, Klaus: Italienische Berichte aus dem spätmittelalterlichen Deutschland. Von Francesco Petrarca zu Andrea de 'Franceschi (1333-1492). Stuttgart: Klett 1973.

759. Volkmann , Johann Jacob: Historisch-kritische Nachrichten von Italien [...], Bd.3. Leipzig: C. Fritsch 1774.

760. Volney, Constantin Francois de: Die Ruinen oder Betrachtungen über die Revolutionen der Reiche. Hrsg. v. Günther Mensching. Frankfurt/M.: Syndikat 1977.

761. Voss, E. Th.: Arkadien in Büchners Leonce und Lena. In: B. Dedner (Hrsg.): Georg Büchner. Leonce und Lena. Frankfurt/M. 1987, S. 275-436.

762. Vossler, Karl: Die romanischen Kulturen und der deutsche Geist: Vorträge gehalten in Bremen im März 1925. München: Verlag der Bremer Presse 1926.

763. Waetzold, Wilhelm: Bildungsreisen - Reisebildung. In: Der Säemann. Monatsschrift für Pädagogische Reform, Jg. III (1907), S. 78-81.

764. Waetzold, Wilhelm: Das Klassische Land: Wandlungen der Italiensehnsucht, Leipzig: Seemann 1927.

765. Waetzoldt, Wilhelm: Die Kulturgeschichte der Italienreisen. In: Preußische Jahrbücher 230, 1932, S. 13-24.

766. Waetzoldt, Wilhelm: Kulturgeschichte der Italienreisen. In: Preussische Jahrbücher Bd. 230. 1932. S. 13-24.

767. Wagner, Karl (Hg): Ludwig Richter. Lebenserinnerungen eines deutschen

Malers. Erweitert um einen Auszug aus den Ergänzungen von der Hand des Sohnes Heinrich Richter. Berlin: Evangelische Verlagsanstalt 1982.

768. Wagner, Sabina: Ludwig Deurer: 1806-1847. Leben und Werk eines Mannheimer Zeichners und Malers. Phil. Diss. Frankfurt/M.: Ed. Fichter 1999.

769. Wahl, Hans: Briefwechsel Carl Augusts mit Goethe, hrsg. v. Hans Wahl, Bd. I, Berlin: Mittler 1915.

770. Walser-Wilhelm, Doris; Walser-Wilhelm, Peter (Hg): Italiam! Italiam! Ein neuentdeckter Karl Viktor von Bonstetten. Gedenkbuch zur 250. Wiederkehr seines Geburtstags. (3. September 1995). Bern/Berlin u.a.: Peter Lang 1995.

771. Walther, Johannes: Goethe als Seher und Erforscher der Natur: Untersuchungen über Goethes Stellung zu d. Problemen d. Natur, hrsg. [...] v. Johannes Walther. Halle a. S.: Kaiserlich-Leopoldinische Deutsche Akademie der Naturforscher 1930.

772. Walzel, Oskar: Florenz in deutscher Dichtung. Stuttgart 1937.

773. Wasmann, Friedrich: Ein deutsches Künstlerleben von ihm selbst geschildert (Hrsg. v. Bernt Grönvold). München: Bruckmann 1896.

774. Wechssler, Sigrid (Hrsg.): Ernst Fries. Gemälde, Aquarelle und Zeichnungen im Besitz des Kurpfälzischen Museums Heidelberg. Heidelberg: Kurpfälz. Museum 1975.

775. Wegner, Max: Goethes Anschauung antiker Kunst, Berlin: Mann; 2. Aufl. 1949. - [Hier finden sich Abb. aller oben erwähnten Denkmäler, weiterhin ältere Literatur (S. 132f.) und eine Zeittafel von 1765 bis 1832 (S. 134f.)].

776. Weickert, Carl: Die Baukunst in Goethes Werk. Schriften und Vorträge der Deutschen Akademie der Wissenschaften zu Berlin (Ost), Heft 38 (1950).

777. Weilguny, Hedwig: Winckelmann und Goethe: Ausstellung zum 200. Todestag J. J. Winckelmanns [Katalog:] Hedwig Weilguny, hrsg. v. den Nationalen Forschungs- und Gedenkstätten der klassischen deutschen Literatur in Weimar, Berlin/Weimar: Aufbau Verlag 1968.

778. Weinberger, Martin: Deutsche Rokokozeichnungen. München: Delphin Verlag 1923.

779. Weiss, O.: Die Deutschen in der Sicht der italienischen Mediävistik des 19. Jahrhundert. In: Schiera, P. und Elze, R. (Hg.): Italia e Germania. Immagini, modelli, miti fra due popoli nell'Ottocento: Il Medioevo - Das Mittelalter, Ansichten, Stereotypen und Mythen zweier Völker im 19. Jahrhundert: Deutschland und Italien, Bologna - Berlin 1988, S. 269-282.

780. Welcker, Hermann: Der Schädel Rafaels und die Rafaelporträts. In: Archiv für Anthropologie, Braunschweig, Bd. 15 (1884), S. 417-440, Tafel X, XI.

781. Wiegand, Wilfried (Hrsg.): Die Wahrheit der Photographie. Klassische Bekenntnisse zu einer neuen Kunst. Frankfurt/M. 1981.

782. Wietek, Gerd: Untersuchungen über Goethes Verhältnis zur Architektur. Kiel: Diss. 1951.

783. Winckelmann Johann Joachim: Gedanken über die Nachahmung der griechischen Werke in der Malerei und Bildhauerkunst. Repr. der Ausg.: Berlin 1885

784. Winckelmann , Johann Joachim: Geschichte der Kunst des Altertums. Dresden: Walther 1764.

785. Winckelmann, Johann Joachim: Sämtliche Werke, hrsg. v. Joseph Eiselein, Bd. 10 (=Freundschaftliche Briefe 1747-1768), Osnabrück: Zeller 1965(Neudruck der Ausgabe 1825)

786. Winckelmann, Johann Joachim: Werke. Berlin/Weimar: Aufbau-Verlag 1976.

787. Winkler, Gerhard (Hrsg.): Heinrich Reinhold - Italienische Landschaften. Zeichnungen, Aquarelle, Ölskizzen, Gemälde. Eine Ausstellung aus Anlass seines 200. Geburtstages in der Kunstgalerie Gera 1988.

788. Winkler, Willi: Gottes Will' kennt kein Warum. Mal gibt sich das oberbayrische Gewässer heiter, mal sucht es sich blind seine Opfer - der Walchensee. Die Zeit, Nr. 29, 1997. S. 49-50.

789. Winter, Annemarie: Rudolf Schick. Zeichnungen in der Kunsthalle Bremen. In: Niederdeutsche Beiträge zur Kunstgeschichte, Bd. 16, 1977, S. 107-120.

790. Witschel, Günter: Ben trovati. Begegnungen mit Italien 1989 – 1993. Frankfurt/M.: Haag und Herchen 1993.

791. Wocke, Helmut: Rilke und Italien: mit Benutzung ungedruckter Quellen. Gießen: Münchow 1940 (Giessener Beiträge zur dt. Philologie; 73).

792. Wolf, Gerhard: Die deutschsprachigen Reiseberichte des Spätmittelalters. In: Der Reisebericht. Die Entwicklung einer Gattung in der deutschen Literatur. Hrsg. v. P. J. Brenner. Frankfurt/M.: Suhrkamp 1989.

793. Wolff, Helmut : Wie Goethe reiste. In: Wissenschaftliche Zeitschrift der Martin-Luther-Universität Halle-Wittenberg, Gesellschafts- und sprachwissenschaft 1955/56.

794. Wolken, Karl Alfred: Blick auf Rom: Neue Variationen über ein altes Thema, hrsg. v. Karl Alfred Wolken, Gütersloh: Bertelsmann 1968.

795. Worbs, Michael (Hrsg.): Rom. Ein Städtelesebuch. Frankfurt/M.: Insel Verlag 1988.

796. Wuthenow, Ralf Rainer: Die erfahrene Welt. Europäische Reiseliteratur im Zeitalter der Aufklärung. Frankfurt/M.: Insel Verlag 1980.

797. Zacher, A.: Aus Vatikan und Quirinal. Bilder vom Nebeneinanderleben der beiden Höfe. Frankfurt/M. 1901.

798. Zannier, Italo; Paolo Costantini (Hg.): Cultura Fotografica in Italia. Antologia di testi sulla Fotografia. 1839-1949. Mailand: Angeli 1985.

799. Zannier, Italo; Paolo Costantini (Hg.): Die Anfänge der italienischen Fotografie. In: Fotogeschichte, 7. Jg., Heft 25 (1987), S. 17-29.

800. Zannier, Italo; Paolo Costantini (Hg.): Segni di luce. Alle origini della fotografia in Italia, Vol. 1. Ravenna: Longo 1991.

801. Zannier, Italo; Paolo Costantini (Hg.): Storia della fotografia Italiana. Rom u.a.: Laterza 1986.

802. Zeller, Hans: Wilhelm Heinses Italienreise, in. Deutsche Vierteljahrsschrift Jg. 42. 1968. S. 23-54.

803. Zimmermann, Kurt: Johann Wilhelm Schirmer. Saalfeld a. S. 1920.

804. Ziolkowski, Theodor: Die Natur als Nachahmung der Kunst bei Goethe. In: Wissen aus Erfahrungen: Festschrift für Hermann Meyer zum 65. Geburtstag, Tübingen: Niemeyer 1976, S. 242-255

805. Zippel, Albert: Wilhelm Heinse und Italien. Jena: Frommann 1930.

806. Zobeltitz, F. von: Lazzaroni und Maccaroni. In: Velhagen & Klasings Monatshefte, VI,1891-1892.

807. Zotti-Minici, Carlo Alberto: Il Mondo Nuovo. Le meraviglie della visione dal' 700 alla nascita del cinema. Mailand: Mazzotta 1988.

808. Zweite, Armin (Hrsg.): Münchner Landschaftsmalerei 1800-1850. Städtische Galerie im Lenbachhaus. München 1979.

Peter Gendolla

Arkadien. Zum Italienbild von Archenholtz bis Heine

Mit Arkadien, in dem auch Goethe schließlich glücklich landen sollte, ist nicht jener kleine Flecken auf dem Peloponnes gemeint, den man noch heute besuchen kann. Es ist eine vollkommen erdichtete Landschaft, von Vergil im 2. Jahrhundert v. Chr. in Sizilien angesiedelt. Insofern gibt es so etwas wie eine geographische Übereinstimmung mit dem goetheschen Ideal, für den ja auch der "Schlüssel zu allem" in Sizilien lag. Dennoch ist das von Vergil in den "Bukolika" beschriebene Land der Liebe und der Freundschaft, der natürlich-harmonischen Verhältnisse zwischen den Menschen pure Fiktion. Es handelt sich um eine rückwärts gewandte Utopie, um das goldene Zeitalter der Menschheit, ein Land, in dem Schäfer und Schäferinnen, Pflanzen, Tiere und Götter in ungebrochener Eintracht miteinander leben.

"Der eigentliche Ursprung seines [Goethes, P.G.] Mottos 'Auch ich in Arcadien' bei Guercino und Pussin dürfte Goethe wohl kaum bewußt gewesen sein; er entnahm den inzwischen in Literatur und Malerei geläufigen Topos der traditionellen Arcadienvorstellung des 18. Jahrhunderts. Arcadien gehört zu den wirkungsmächtigen Wunschbildern, die, über Jahrhunderte hinweg tradiert, von der menschlichen Sehnsucht nach einer besseren Welt, nach einem Leben im Einklang mit sich selbst, der Natur und der Gottheit zeugen. Es ist ein säkularisiertes Paradies, das sich, ähnlich wie der Garten Eden, als ein idyllischer locus amoenus darstellt, an dem ein zeitloses, den Ansprüchen der Alltagswelt enthobenes Sein in Frieden, Muße und Liebe möglich ist."[1]

Den Erfinder oder Erneuerer der Arkadienvorstellungen im 16. Jhdt. hat Petriconi benannt, sie stammt in der Tat aus dem Land der Sehnsucht, von einem süditalienischen Schriftsteller des beginnenden 17. Jahrhunderts, Jacopo Sannazaro.

"Daß alles arkadische, d.h. poetisch verklärte Hirten- und Schäfertum in Vergils Eklogen seinen Ursprung hat, ist bekannt, und es ist auch anzunehmen, daß jener namenlose Humanist, dem die glückliche Formulierung des 'Et in Arcadia ego' gelang, seinen Vergil gekannt hat. Dennoch ist mehr als wahrscheinlich, daß er dabei nicht an Vergil gedacht hat. Zunächst drängt sich dem Leser der Eklogen keineswegs auf, daß Vergil als erster den Schauplatz seiner Hirtenbilder nach Arkadien verlegt hat, und es ist neuester Forschung vorbehalten geblieben, darauf hinzuweisen und den Dichter als Entdecker dieser geistigen Landschaft zu würdigen. Im übrigen aber war damals, zu Beginn des 17. Jahrhunderts, die Vorstellung eines solchen unbeschwerten Daseins jedermann vertraut, ja mehr als das, Hirten- und Schäfertum war seit über hundert Jahren abendländische Mode. Es fragt sich nun, welchem Werk oder Autor die Erneuerung der Hirtendichtung zu danken ist und wieso es geschehen konnte, daß

---

[1] Maisak, Petra: Et in Arcadia ego. Zum Motto der >Italienischen Reise<, in: Direktor des Goethe-Museums Düsseldorf Jörn Görres (Hrsg.)Goethe in Italien. Katalog zur Ausstellung. Mainz 1986, S.136

jenes nicht einmal allgemein antike, sondern spezifisch vergilische Arkadien zu einer poetischen Ausdrucksform für eine ganze Epoche werden konnte. Die Antwort auf die erste Frage ist leicht zu geben. Die Literaturgeschichte belehrt uns, daß der Neapolitaner Jacopo Sannazaro, der von 1458 bis 1530 gelebt hat, um das Jahr 1480 den ersten modernen Schäferroman geschrieben habe, seine 'Arcadia', die mittelbar und sogar unmittelbar das Vorbild für die gesamte Schäferdichtung als solche geworden ist."[2]

Dass die Schäferdichtung im 17. Jahrhundert in Europa eine solche Renaissance erfuhr, ihr rückwärtsgewandtes Ideal im 18. Jahrhundert ein durchaus brisantes Gegenbild zur gesellschaftlichen Realität darstellte, ist aus den sozialen Umbrüchen der Zeit zu erklären, dem Ende des Feudalismus, dem Aufstieg des Bürgertums. Die Bilder, von denen motiviert dieses den herrschenden Adelskasten schließlich ein Ende bereitete, kennzeichnen die Feudalgesellschaft als durch und durch verdorbene, dekadente Kultur. Dieser gegenüber wird das eigene Verhalten als ein der Natur ganz und gar angemessenes legitimiert. Gegen den Schein, die Masken, die Verlogenheit der adligen Gesellschaft entwickelt sich eine Ideologie des ursprünglichen, dem Menschen im Urzustand angemessenen Daseins, die sich mit der Französischen Revolution zum Ende des 18. Jahrhunderts auch praktisch umzusetzen suchte - die Schriften Rousseaus konzentrieren hier die wirkungsmächtigsten Argumente.[3]

Nur in diesem Kontext gewinnt eine regressive Literatur wie die Schäferdichtung ihre revolutionäre Brisanz. Sie zeichnet Elemente einer Gesellschaftsordnung, die der Bürger erst noch zu realisieren trachtete, aus der die verdorbenen, das idyllische Ideal störenden destruktiven Elemente auf welche Weise auch immer ausgeschlossen werden mussten. Der Bürger imaginiert sich hierbei durchaus als antiker Heros, als Einzelkämpfer gegen eine ganze Klasse verschworener Schauspieler, gegen all die intriganten Fürsten, die Bischöfe und ihre Lakaien, die die Wiederherstellung des Naturzustandes anhaltend verhindern. Zu diesem Zweck nun benötigt Arkadien den Sänger, den Lobredner, braucht es den Dichter. Dieser wird figuriert und figuriert sich als eine Art transformierter Hirte, wie der Adlige ein Schauspieler, nur einer mit guten Absichten: ein Darsteller der Natur, der sie durch diese Darstellung zu schützen und zu erhalten versucht. Interessant ist diese doppelte, doppelsinnige Konstellation: Eine als falsch, verkehrt, scheinhaft verstandene Welt wird mit einer ebenso erfundenen konfrontiert oder bekämpft, mit einer poetischen Fiktion, dem arkadischen Utopos.

"Der bukolische Hirte ist eine Kunstfigur; seine eigentliche Rolle ist die des Sängers und damit auch des Dichters gemäß dem Gedanken von der Entstehung der Urdichtung aus dem Hirtengesang. Das müßige Sein des Hirten in freier Natur trägt bereits die Voraussetzung zur Inspiration in sich: das Rauschen der Bäume, das Plätschern der Quellen lassen die Musik der Natur ertönen, und Pan, der Schützer der

---

[2] Hellmuth Petriconi: Das neue Arkadien. In: Europäische Bukolik und Georgik. Hg. v. Klaus Garber, (Wege der Forschung, Band CCCLV), Darmstadt 1976, S. 181-201, hier S. 182f.
[3] s. Karl-Heinz Kohl: Das neue Zentrum. Rousseaus Konstruktion des „homme naturel". in: Kohl. Entzauberter Blick. Das Bild vom Guten Wilden. Frankfurt/M. 1986, S.173-200

Herden und Herr Arcadiens, lehrt auf seiner Xyrinx die Hirten, diesen Naturklang nachzuahmen. ... Der Hirte ist also Sänger und Dichter, oder besser noch das Urbild des Dichters, den schon sein poetisches Sein zur Inspiration prädestiniert; seine Heimat kann demnach nicht die Wirklichkeit sein, sondern nur ein poetisches Land, eine ästhetische Fiktion - Arkadien."[4]

Das Bild wird bestätigt, verstärkt, mit neuen idealen Elementen ergänzt. Dabei bildet sich auch sein Schöpfer selbst erst aus, entsteht auch der Bildner. Wie an Goethes Italientexten deutlich werden wird, ist die Selbstautorisierung des "Bürgers als Held"[5] engstens an diese Ausformulierung Arkadiens geknüpft. Spätestens mit Winckelmann wird Italien zu einer Erfahrung, die nicht nur die antike Kultur wieder belebt, sondern den Prozess der Selbstausbildung des Reisenden, einen wortwörtlich als *Bildungsroman* begreifbaren Prozess in Gang setzt. Gerade bei Winckelmann ist dies direkt zu verstehen: Bildung als *Ausbildung der Physis*, des ganzen Körpers nach dem Vorbild der Alten, Öffnung der Augen für ein "Formgefühl" (Wölfflin), das die bisher eingeübten Formen, die tradierten Muster regelrecht auslöscht oder zumindest in den dunklen, den nördlichen Schatten drängt.

"Ich glaube, ich bin nach Rom gekommen, denjenigen, die Rom nach mir sehen werden, die Augen ein wenig zu öffnen (ich rede nur von Künstlern); denn alle Cavaliere kommen als Narren her und gehen als Esel wieder weg; dieses Geschlecht der Menschen verdient nicht, daß man sie unterrichte und lehre. [...] Es ärgert mich, daß ich aus Gefälligkeit einigen neuern Künstlern gewisse Vorzüge eingeräumt. [...] Ich sage dir eine Regel: Bewundere niemals die Arbeit eines neuen Bildhauers. Du würdest erstaunen, wenn du das Beste der modernité, welches gewiß in Rom ist, gegen das Mittelmäßige von den Alten hältst".[6]

Das Bild Italiens ist dabei keineswegs nur licht, idealisch, ungebrochene Utopie. Wo es Hymnen gibt, wo Arkadien mit immer neuen positiven Elementen ausgestattet wird, gibt es auch Gegenhymnen, wird eine ganz andere Italienerfahrung artikuliert. Stefan Oswald hat einen der Autoren solcher Gegenbilder, Johann Wilhelm von Archenholtz, unter dem Titel der "Geschichte eines Mißverständnisses" vorgestellt. Archenholtz, aus einer alten hannoveraner Adelsfamilie gebürtig, besuchte die Berliner Kadettenanstalt, nahm fast noch als Kind am Siebenjährigen Krieg teil. 1763 wurde er im Rang eines Hauptmanns aus dem preußischen Militär entlassen. In den folgenden Jahren unternahm er ausgedehnte Reisen durch "alle Gebiete Deutschlands, die nordischen Reiche, die Niederlande und Frankreich, vor allem aber

---

[4] Maisak, A.a.O., S.136
[5] So die Formulierung der wichtigen Untersuchung Heinz Schlaffers, die den widersprüchlichen Prozess der bürgerlichen Identitätsbildung, einer eigentlich nur literarischen Identität als Kompensation zur tatsächlichen sozialen Zerrissenheit an paradigmatischen Texten des 18. und beginnenden 19. Jahrhunderts nachzeichnet. s. Schlaffer, Heinz: Der Bürger als Held. Sozialgeschichtliche Auflösungen literarischer Widersprüche. Frankfurt/M. 1973
[6] Winckelmann, Johann Joachim. Sämtliche Werke. Hrsg.v. Joseph Eiselein. Bd.10, Osnabrück 1965, S.145

hielt er sich lange in England und Italien auf." 1780 ließ er sich in Deutschland nieder und gab seit 1782 die Zeitschrift "Literatur und Völkerkunde" heraus, der weitere Periodika folgten. Erst durch sein Buch "England und Italien" begründete er allerdings seinen Ruf. Den Erfolg dieses Werkes übertraf nur noch der seiner "Geschichte des siebenjährigen Krieges in Deutschland"(1788), die zahlreiche Neuauflagen bis an den Anfang dieses Jahrhunderts erlebte. Als 1785 Archenholtz' Werk *England und Italien* erschien, ging ein Aufschrei durch die Gemeinde der Italienbegeisterten. Oswald zitiert eine der Rezensionen, in denen Archenholtz vorgeworfen wird, "daß der Herr Verfasser nichts Gründliches von Italien zu sagen weiß... Es herrscht ein hohnsprechender Geist durch das ganze Werk, der die rühmlichen Gegenstände entweder verschweigt, oder einen verkleinernden oder gehässigen Schatten auf sie wirft."[7] Noch Goethe notiert in der "Italienischen Reise":

"Wie so ein Geschreibe am Ort selbst zusammenschrumpft, eben als wenn man das Büchlein auf Kohlen legte, daß es nach und nach braun und schwarz würde, die Blätter sich krümmten und in Rauch aufgingen."[8]

In der Tat gibt es über Italien wenig schmeichelhafte Bemerkungen bei Archenholtz.

"Kann man wohl von dem trägen, dem unwissenden, und dem sklavischen Italiener ähnliche Handlungen erwarten, wie von dem tätigen, dem aufgeklärten, dem freien Briten, der, er mag für sich oder in Verbindung handeln, sich immer als Original zeigt?"[9]

Aber bereits in diesem Zitat wird deutlich, dass Archenholtz Italien gar nicht für sich vorstellt. Es interessiert ihn vielmehr nur in Relation oder besser im Kontrast, in Opposition zu *seinem* Ideal: dem aufgeklärten England, dem Land, das die ersten entscheidenden Schritte in ein demokratisches Staatsgebilde gemacht hat. Sein Buch darf gar nicht als unmittelbare Italiendarstellung gelesen werden, sondern als Systemvergleich: ein feudalistisches, rückständiges Staatsgebilde wird gegen ein fortschrittliches gesetzt. Nur unter dieser Voraussetzung ist Archenholtz' Buch gerechterweise zu beurteilen. Darüber hinaus finden sich durchaus differenzierende Darstellungen auch für die südlichen Staatsformen.

"Kein Land unseres Erdbodens gibt uns einen so auffallenden Beweis, wie sehr die Verschiedenheit der Regierungsformen den Charakter der Völker bestimmt, als Italien. Klima, Religion, Sprache sind hier einerlei, und zwar in einem Lande von mäßiger Größe, allein wie groß ist nicht der Unterschied zwischen einem Venetianer und einem Römer, zwischen einem Genueser und Mailänder, zwischen einem Florentiner und einem Neapolitaner."[10]

---

[7] s. Oswald, Stefan. Italienbilder: Beitrag zur Wandlung der deutschen Italienauffassung 1770-1840, Heidelberg 1984. S.10f.
[8] ebda.
[9] Archenholtz, Johann Wilhelm von: England und Italien. Leipzig 1785.S.12
[10] S.12

Archenholtz' deutliche Ablehnung gilt der aristokratischen Tyrannei, der Staatsinquisition, dem allgegenwärtigen Misstrauen, wie sie etwa in Venedig herrschen.

"Dieses fürchterliche Tribunal, das ohne Untersuchung verdammt, ist indes zur Erhaltung der aristokratischen Macht unentbehrlich, und schützt zugleich den Bürger gegen die zu große Gewalttätigkeit der Edlen."[11]

Ganz im Sinne der Kritik Nietzsches, alle noch so neutral formulierten Wahrheitsbehauptungen gehorchten doch nur einem mehr oder weniger versteckten Eigeninteresse, liefert Archenholtz also ein "interessiertes" Italienbild, kritisiert er die alten Republiken Venedig oder Genua, mit großer Schärfe auch den Kirchenstaat. Ganz andere Beobachtungen macht er dort, wo sich die Verhältnisse in seinem Sinne zu verändern beginnen oder bereits soziale Reformen realisiert worden sind.

"Toskana ist unter der jetzigen Regierung das glücklichste Land in Italien. Weise Gesetze, ein blühender Handel, und eine steigende Kultur unter einem schönen Himmel."[12]

Wo aufgeklärte Herrscher das Zepter führen, wie der Großherzog Leopold in der Toskana, findet auch Archenholtz zu idealen Darstellungen:

"Dieser preiswürdige Regent ist unermüdet für das Wohl seiner Untertanen besorgt. Er befördert den Ackerbau auf allerhand Art, er läßt Kanäle reinigen, Dämme und Landstraßen anlegen, woran es dieser sich sonst so auszeichnenden Provinz noch sehr fehlt."[13]

Archenholtz' Reisen sind im wortwörtlichen Sinne Umwege, listenreiche Mittel eines aufgeklärten Adligen, den eigenen Landsleuten mitzuteilen, was in anderen europäischen Staaten bereits möglich ist, in England, und was eben nicht mehr sein sollte, in Italien. Deutschland selbst bildet so in seinen Schriften eine bedeutende Leerstelle, in welche der interessierte Leser seine jeweiligen Vor- oder Gegenbilder eintragen kann. Wie an der Beschreibung der Toskana bereits deutlich geworden ist, sieht Archenholtz weniger die antiken Kulturdenkmäler, eher die Neuerungen, die agrarische, technische, ökonomisch-soziale Entwicklung, die am jeweiligen Ort stattgefunden hat.

"Livorno gibt einen überzeugenden Beweis, welche Wunder durch weise politische Anstalten in kurzer Zeit gewirkt werden können. ... Wie wenig Wahrscheinlichkeit war hier zu einem schleunigen Flor, und daß man der stolzen Nachbarin (gemeint ist Pisa. P.G.) in der Handlung den Rang ablaufen würde! Indessen ist es geschehen, und zwar ohne eine außerordentliche politische Revolution."[14]

---

[11] S.14
[12] S.15
[13] ebda.
[14] ebda.

Demgegenüber sieht er an Florenz, das doch bereits dem Namen nach "die Blühende" sein sollte, sehr widersprüchliche Aspekte.

"Das Vorurteil, eine außerordentlich schöne Stadt zu sehen, womit ein Reisender gewöhnlich nach Florenz kommt, betrügt diejenigen, die ihre Erwartungen zu hoch gespannt, und andere schöne Städte gesehen haben. ... Das so gerühmte Steinpflaster, das aus großen Steinen besteht, ist gut, hat aber bei weitem nicht die Bequemlichkeit der Fußwege in den Straßen zu London, ja, es ist nicht besser, als wie man es in Venedig, Genua und anderen Städten in Italien sieht."[15]

Archenholtz ist ein ganz pragmatisch gesinnter Reisender, seine ästhetischen Urteile sind wenig ausgeprägt. Selbst die großen Architekturen bemerkt er nicht unter kunsthistorischen Gesichtspunkten, sondern als eine Ansammlung einander widersprechender Bauten.

"Der große Platz, wo der alte großherzogliche Palast (Palazzo Vecchio) steht, ist der unansehnlichste von allen, obgleich verschiedene schöne Statuen und Gruppen hier angebracht sind, die mit dem schlechten gotischen Palast einen widrigen Contrast machen. Sonst ist der Platz mit gemeinen Häusern und der sog. Loggia besetzt, die zur Zusammenkunft der Kaufleute bestimmt ist."[16]

Ein parasitärer, schließlich zu Recht verarmter Adel bestimme immer noch die Geschicke von Florenz. Die klügeren florentinischen Edelleute hätten ihre Geschäfte längst in die Toskana, zum Handel nach Livorno verlegt.

Archenholtz kommt dann auf eine "Hauptleidenschaft" der Florentiner wie der Italiener überhaupt. Hier macht er die gleiche Beobachtung wie alle anderen Italienreisenden, nur bewertet er sie wiederum anders.

"Die Hauptleidenschaft der Florentiner aber ist, so wie in ganz Italien, vorzüglich Gesang und Buffonerie. Sie hassen jede Art von Schauspiel wobei man denken muß, und nehmen dagegen mit allem vorlieb, was nur ihre groben Sinne rührt."[17]

Wo Heinse, Goethe, Eichendorff, Rilke oder die Gebrüder Mann die unbefangene, ganz naturwüchsige Schauspielerei der Italiener bewundern, die spontane Leidenschaft für die Maskerade, die aus jeder noch so ernsthaften Angelegenheit ein Spiel mache, bleibt Archenholtz der deutsche Denker, den die schnelle Fabuliererei der Südländer nur irritiert.

"Zu der Charakteristik der Toskana gehört ihre Liebe zur Dichtkunst, die schon in den ältesten Zeiten diesem Volke eigen war; auch findet man hier mehr Improvisatoren, oder Stehgreifreimer, als in irgeneiner andern Provinz Italiens." Und auch wo die anderen den Wohllaut, die Geschmeidigkeit und Musikalität der italienischen Sprache bewundern, hält Archenholtz kritische Distanz. "Die toskanische Sprache, vorzüglich die in Siena, wird für die beste in Italien gehalten. ...

---

[15] Archenholtz, a.a.O., S.108
[16] ebda.
[17] S. 110

Es ist merkwürdig, daß diese eingebildete Schönheit von keiner anderen italienischen Provinz nachgeahmt worden ist. ... Der Ton klingt, als ob der Redende den Zapfen verloren hätte. Diese Affektation ist sehr alt; schon zu Dantes Zeiten war sie bei den Florentinern in Gebrauch, der in seinem berühmten Gedicht sagt, daß die Seelen in der andern Welt hieran sein Vaterland erkannt haben."[18]

Goethe was here

"Meine Reise gen Westen ging vonstatten wie immer und ohne Zwischenfälle; kein Rad brach, und die Kutsche kippte nirgends um, die ich in diesem Frühjahr doch dem Automobil und den jagenden Zügen vorgezogen hatte, um alle Veränderungen in den deutschen Landen genau in Augenschein nehmen zu können."[19]

Paul Requadt hat drei Typisierungen der Italien-Dichtung vorgeschlagen. Zum ersten jene, die eine "Physiognomik des Ganzen" versucht, d.h. Natur, Kunst und Gesellschaft in ein einheitliches Bild zu fassen anstrebt. Ein zweiter, zeitlich späterer Typus erfindet "oft schwer auflösbare Symbolkomplexe"[20], wie sie sich in der Italienerfahrung Nietzsches, Rilkes oder Däublers niedergeschlagen haben. Unter der dritten Kategorie begreift Requadt Literatur, die ein vollkommen imaginäres Italien erfindet, pure Fiktion, die auch zu anderen Landschaften oder Ländern assoziiert werden könnte. Hier finden sich die Texte jener Schriftsteller, die wie Jean Paul, Hoffmann oder Eichendorff selbst nie in Italien gewesen sind, an denen sich umso deutlicher die festen Topoi der tradierten Literatur ablesen lassen. Hierzu gehört schließlich auch die nur noch in schwer lesbaren Chiffren formulierte Italien-Literatur seit dem Expressionismus, die isolierten, abstrakten Phantasien, wie sie sich etwa bei Ingeborg Bachmann finden.

Die goetheschen Italientexte gehören zweifellos dem ersten Typus an. In immer neuen Anläufen entwickelt er in Tagebüchern, Briefen, Romanen und Dramen ein Bild des Sehnsuchtslandes, eine durchaus einheitliche Grundfigur, wenn sie sich auch aus tausend Aspekten zusammensetzt.

Motive und Funktionen für die Italienreise Goethes hat die Sekundärliteratur weitläufig erforscht.

"Als Goethe sich in der Nacht des 3. September 1786 aus Karlsbad fortstahl, um sich an den folgenden 653 Tagen auf einer Strecke von annähernd 5000 Kilometern... abermals in der Rolle eines Reisenden zu erproben, schienen die Umstände seines Aufbruchs eher auf eine Flucht als auf einen wohlgeplanten Reiseantritt hinzudeuten."[21]

---

[18] S.111
[19] Conrady, Karl Otto. Goethe was here. Parodistischer Scherz und Ernst. Frankfurt/M. 1994, S.83
[20] Requadt, Paul: Die Bildersprache der deutschen Italiendichtung: von Goethe bis Benn, Bern/München: Francke 1962, S. 53 ff.
[21] Schmidt, in: Direktor des Goethe-Museums Düsseldorf Jörn Görres (Hrsg.)Goethe in Italien. Katalog zur Ausstellung. Mainz 1986, S.9

Tatsächlich flieht Goethe ein in bürokratischer Verwaltungsarbeit erstickendes Leben, Personen und Verhältnisse, die ihn kaum mehr zur schriftstellerischen Arbeit kommen lassen. Das ist aber nur das eine, das unmittelbare Motiv für seine Reise. Mit ihr entspricht er darüber hinaus zugleich einer im 18. Jahrhundert umfassend herrschenden Tendenz, das "Leben als Ganzes zu stilisieren und zu ästhetisieren. Für sein Verhalten in beinahe allen Lebensbereichen fand der Zeitgenosse Muster und Leitbilder vor, gleichgültig, ob er sich entschloß, sein Leben in bewußter Schlichtheit und Zurückgezogenheit oder in gewollter Unterwerfung unter die jeweils geltenden Verhaltensnormen einzurichten.... Die Formulierung solcher bürgerlichen Rollenbilder, ihre Verfestigung zu gesellschaftlichen Normen und ihre Umsetzbarkeit in praktikable Lebenswirklichkeit waren im wesentlichen Leistungen des zeitgenössischen Buchmarktes."[22]

Goethe reist nicht einfach spontan drauflos. Auch er reist, um ein Programm zu realisieren, d.h. die in der Reiseliteratur fixierten Lebensstationen - wie es ihm der Vater Caspar bereits vorgemacht hatte - auch selbst zu erfahren. Natürlich formuliert Goethe seine Reise als Antiprogramm. Statt eine "sentimentale" Bildungsreise zu erfüllen wie seine Vorgänger, begreift er sich als objektiven Berichterstatter, als bloßes Auge, das Natur, Kunst und Kultur so wiedergeben soll, wie sie sind.

"Seit Sternes unnachahmliche >Sentimentale Reise< den Ton gegeben und Nachahmer geweckt, waren Reisebeschreibungen fast durchgängig den Gefühlen und Absichten des Reisenden gewidmet. Ich dagegen hatte die Maxime ergriffen, mich soviel als möglich zu verleugnen und das Objekt so rein als nur zu thun wäre in mich aufzunehmen."[23]

Objektivität und Spontaneität bilden die Maximen, unter die Goethe seine Reise stellt.

"Den 3. September 1786. Früh drei Uhr stahl ich mich aus Karlsbad, weil man mich sonst nicht fortgelassen hätte. Die Gesellschaft, die den achtundzwanzigsten August, meinen Geburtstag, auf eine sehr freundliche Weise feiern mochte, erwarb sich wohl dadurch ein Recht, mich festzuhalten; allein hier war nicht länger zu säumen. Ich warf mich ganz allein, nur einen Mantelsack und Dachsranzen aufpackend, in eine Postchaise und gelangte halb acht Uhr nach Zwota, an einem schönen stillen Nebelmorgen."[24]

Wo sich an der Oberfläche ein Bedürfnis nach unmittelbarer Naturerfahrung artikuliert, liegen an der Wurzel doch nur Texte: *unvollendete* Texte.

"Das wurde Goethe in dem Augenblick bewußt, als er sich im Juni 1786 entschloß, eine Gesamtausgabe seiner Werke zu veranstalten: er mußte feststellen, daß nur

---

[22] ebda.
[23] Goethe, Johann Wolfgang von: Aus meinem Leben: Zweiter Abteilung und Zweiter Teil. (Italienische Reise). Stuttgart/Tübingen 1816-17., S. 12
[24] Goethe, Johann Wolfgang: Italienische Reise. Herausgegeben und mit einem Nachwort versehen von Christoph Michel. Frankfurt/M.1976, Bd.1, S.13

Iphigenie notdürftig vollendet war; *Faust, Egmont, Tasso, Wilhelm Meister* und anderes war Fragment geblieben." (Kat. 146) Also banale bürgerliche Verhältnisse verhindern die literarische Produktion, der Beruf als Staatsbeamter lässt nur poetische Fragmente zu. So bildet die Reise nach Italien eine Art Schreibprogramm, das ein Werk, und damit engstens verwoben vor allem ein Bildungsprogramm, das den Menschen überhaupt erst hervorbringen soll.

"Hätt ich nicht den Entschluß gefaßt, den ich jetzt ausführe; so wär' ich rein zugrunde gegangen und zu allem unfähig geworden."[25]

Naturtheorien

"In Bayern stößt einem sogleich das Stift Waldsassen entgegen... Es liegt in einer Teller-, um nicht zu sagen Kesseltiefe, in einem schönen Wiesengrunde, rings von fruchtbaren sanften Anhöhen umgeben. Auch hat dieses Kloster im Lande weitumher Besitzungen. Der Boden ist aufgelöster Tonschiefer. Der Quarz, der sich in dieser Gebirgsart befindet und sich nicht auflöst, noch verwittert, macht das Feld locker und durchaus fruchtbar."[26]

Gleich auf der ersten Seite seiner Aufzeichnungen kommt Goethe auf eine der Hauptinteressen, die dann auch seine Wahrnehmungen im südlichen Land lenken. Natur in ihrer elementaren, wortwörtlich materiellen Form, als Boden, Erde, Stein, liefert den Ansatz jener "Bildungstheorie", die von der Italienischen Reise nach und nach zusammengesetzt wird. Auf der Suche nach "ewig abwechselnde'n' Bilder(n)"[27] liefern die Steine, d.h. genauer das Urgestein, die erste Stufe, deren weitere: die über die Pflanzen, Tiere, die kulturellen Produktionen bis hin zu den abstraktesten Begriffen schließlich das synthetisierende Weltbild Goethes ausmachen. Noch am Brenner kommt er auf eine der dieses Gesamtgebäude zusammensetzenden Ideen - von ihm selbst als eine Art "Grille" abqualifiziert, die er "aber nicht loswerden kann, wie man eben die Grillen am wenigsten loswird."[28] In Wirklichkeit formuliert Goethe hier eine seiner zentralen Thesen zur Evolution der Erde, die im Kontext der Auseinandersetzung zwischen Neptunisten und Vulkanisten in die Auseinandersetzungen des 18. Jahrhunderts eingegangen ist.

"Betrachten wir die Gebirge näher oder ferner und sehen ihre Gipfel bald im Sonnenscheine glänzen, bald vom Nebel umzogen, ... so schreiben wir das alles der Atmosphäre zu, da wir mit Augen ihre Bewegungen und Veränderungen gar wohl sehen und fassen. Die Gebirge hingegen liegen vor unserem äußeren Sinn in ihrer herkömmlichen Gestalt unbeweglich da. Wir halten sie für tot, weil sie erstarrt sind, wir glauben sie untätig, weil sie ruhen. Ich aber kann mich schon seit längerer Zeit nicht entbrechen, einer innern, stillen, geheimen Wirkung derselben die

---

[25] Goethe, Johann Wolfgang von (1816-17), a.a.0:; S. 290
[26] Goethe (1976), a.a.O., S. 13
[27] S.21
[28] S.23

Veränderungen, die sich in der Atmosphäre zeigen, zum großen Teile zuzuschreiben. Ich glaube nämlich, daß die Masse der Erde überhaupt, und folglich auch besonders ihre hervorragenden Grundfesten, nicht eine beständige, immer gleiche Anziehungskraft ausüben, sondern daß diese Anziehungskraft sich in einem gewissen Pulsieren äußert, so daß sie sich durch innere notwendige, vielleicht äußere zufällige Ursachen, bald vermehrt, bald vermindert."[29]

Die Vorstellung vom geheimen Leben in aller Natur, wo äußere, zufällige Bewegungen und innere notwendige Kausalitäten in langen, erdgeschichtlichen Ketten ineinander greifen, wird zu der Folie, von der aus alle anderen Wahrnehmungen Goethes, ganz gleich ob sie Phänomene der Atmosphäre, des Pflanzen- oder Tierreichs oder kulturelle Erscheinungen betreffen, organisiert werden. Wenn Emrich mit Verwunderung feststellt, dass Goethe selbst das Treiben auf dem römischen Karneval wie die eigenartigen Bewegungen in einem Insektenhaufen analysiert, so ist das nur die Anwendung des gleichen Blicks auf ethnische Phänomene, der sonst mineralische oder chemische Prozesse beobachtet.

"Nun von dem abhängigen, durch Klima, Berghöhe, Feuchtigkeit auf das mannigfaltigste bedingten Pflanzenreich einige Worte. Auch hierin habe ich keine sonderliche Veränderung, doch Gewinn gefunden. Äpfel und Birnen hängen häufig schon vor Innsbruck in dem Tale, Pfirsiche und Trauben hingegen bringen sie aus Welschland oder vielmehr aus dem mittägigen Tirol."[30]

Es handelt sich hierbei um Interessen und Anschauungen, deren Ansätze sich lange vor der Italienerfahrung in den Texten Goethes finden. Aber es sind Skizzen oder Linien, vielfach nur von Texten gekennzeichnete Vorstellungsschemata, die sich erst in Italien mit lebendiger Anschauung füllen. So knüpft sich auch das Datum, an dem sich Goethe erstmals ganz im neuen, fremden Land angekommen fühlt, nicht an die geographische Grenze, sondern an die Sprache.

"Den 11. September, abends. Hier bin ich nun in Roveredo, wo die Sprache sich abschneidet; oben herein schwankt es noch immer vom Deutschen zum Italienischen. Nun hatte ich zum erstenmal einen stockwelschen Postillon; der Wirt spricht kein Deutsch, und ich muß nun meine Sprachkünste versuchen. Wie froh bin ich, daß nunmehr die geliebte Sprache lebendig, die Sprache des Gebrauchs wird!"[31]

Lebendige Sprache des Volkes, Natur und antike Reminiszenz müssen zusammenkommen, um der Erfahrung einen Wahrheitsgrund zu geben.

"Zugleich lehrt mich Volkmann, daß dieser See ehemals Benacus geheißen, und bringt einen Vers des Vergil, worin dessen gedacht wird: Fluctibus et fremitu resonans Benace marino. Der erste lateinische Vers, dessen Inhalt lebendig vor mir steht, und der in dem Augenblicke, da der Wind immer stärker wächst und der See höhere Wellen gegen die Anfahrt wirft, noch heute so wahr ist als vor vielen

---

[29] S.23f.
[30] S.25
[31] S.39

Jahrhunderten. So manches hat sich verändert, noch aber stürmt der Wind in den See, dessen Anblick eine Zeile Vergils noch immer veredelt."[32]

Wohl auch die eigenen Zeilen, die hier "unter dem fünfundvierzigsten Grade" geschrieben sind, möchten als ein solcher Veredelungsprozess verstanden werden. Nachdem so die Antike wieder ins Leben gerufen worden ist, befindet sich Goethe erstmals wirklich in Arkadien oder besser: im Schlaraffenland.

"Die Menschen leben ein nachlässiges Schlaraffenleben: erstlich haben die Türen keine Schlösser; ... zweitens sind die Fenster mit Ölpapier statt Glasscheiben geschlossen; drittens fehlt eine höchstnötige Bequemlichkeit, so daß man dem Naturzustande hier ziemlich nahe kömmt."[33]

Eine den Fremden ungemein faszinierende Kombination von "größter Sorglosigkeit" und "Geschäftigkeit", wo alle ununterbrochen etwas zu tun haben, bei ständigem "Geschwätz und Geschrei" lässt Goethe "sich nun wirklich in einem neuen Lande, in einer ganz fremden Umgebung" fühlen. Hier auch findet er endlich eine wahre Speise.

"Der Wirt verkündigte mir mit italienischer Emphase, daß er sich glücklich finde, mir mit der köstlichsten Forelle dienen zu können. Sie werde bei Torbole gefangen, wo der Bach vom Gebirge herunter kommt und der Fisch den Weg hinauf sucht. Der Kaiser erhält von diesem Fange zehntausend Gulden Pacht. Es sind keine eigentlichen Forellen, groß, manchmal fünfzig Pfund schwer, über den ganzen Körper bis auf den Kopf hinaus punktiert; der Geschmack zwischen Forelle und Lachs, zart und trefflich. Mein eigentlich Wohlleben aber ist in Früchten, in Feigen, auch Birnen, welche da wohl köstlich sein müssen, wo schon Zitronen wachsen."[34/35]

Angesichts der Arena von Verona fasst Goethe erstmals die aus "Dichtung und Wahrheit" bekannte Idee eines *Dritten*, das sich aus der Zusammensetzung von Natur und Kultur ergibt. Hier aus der Zusammenfügung der Architektur mit ihrer Bevölkerung.

"Das Amphitheater ist also das erste bedeutende Monument der alten Zeit, das ich sehe, und so gut erhalten! ... Auch will es leer nicht gesehen sein, sondern ganz voll von Menschen, ... Denn eigentlich ist so ein Amphitheater recht gemacht, dem Volk mit sich selbst zu imponieren, das Volk mit sich selbst zum besten zu haben."[36]

Die Arena inspiriert Goethe zu einer ganzen Entwicklungsgeschichte des Theaters, er phantasiert einen Zusammenhang von Massenbedürfnissen, Bauten und spontanem Spiel, das sich schließlich in der riesigen Arena manifestiere.

---

[32] S.40f.
[33] S.41
[34] S.41f.
[35] S. 42-44
[36] S.55

"Kommt das Schauspiel öfter auf der selben Stelle vor, so baut man leichte Gerüste für die, so bezahlen können, und die übrige Masse behilft sich, wie sie mag. Dieses allgemeine Bedürfnis zu befriedigen, ist hier die Aufgabe des Architekten. Er bereitet einen solchen Krater durch Kunst, so einfach es nur möglich, damit dessen Zierrat das Volk selbst werde."[37]

Aus der Zusammensetzung des Lebendigen mit der Materie, einer ursprünglich chaotischen Bewegung, die in eine einfache Form gefasst wird, ergibt sich etwas, das weder als pure Natur, noch als geplante Kultur begriffen werden kann, eine neue Gestalt. Sie bildet das eigentlich Faszinierende an den Erfindungen der Gattung.

"Wenn es sich so beisammen sah, mußte es über sich selbst erstaunen; denn da es sonst nur gewohnt, sich durcheinanderlaufen, sich in einem Gewühle ohne Ordnung und sonderliche Zucht zu finden, so sieht das vielköpfige, vielsinnige, schwankende, hin und her irrende Tier sich zu einem edlen Körper vereinigt, zu einer Einheit bestimmt, in eine Masse verbunden und befestigt, als eine Gestalt, von einem Geiste belebt. Die Simplizität des Oval ist jedem Auge auf die angenehmste Weise fühlbar, und jeder Kopf dient zum Maße, wie ungeheuer das Ganze sei. Jetzt, wenn man es leer sieht, hat man keinen Maßstab, man weiß nicht, ob es groß oder klein ist."[38]

In der Vorstellung dieses Dritten wird die ursprüngliche Absicht Goethes - "Mir ists nur jetzt um die sinnlichen Eindrücke zu thun, die mir kein Buch und kein Bild geben kann, daß ich wieder Interesse an der Welt nehme und daß ich meinen Beobachtungsgeist versuche, ..."[39] - in einer Gestalt stilisiert, die von Goethe auch mit dem Begriff des *Tramontanen*[40] überschrieben worden ist. Tramontan ist etwa die vollkommen andere Synthese von Klima, Farben, Natürlichem, Sozialem, Technischem, die dem Reisenden grell oder barbarisch erscheinen mag.

"Die vielfarbigen bunten Blumen und Früchte, mit welchem die Natur sich ziert, scheinen den Menschen einzuladen, sich und alle seine Gerätschaften mit so hohen Farben als möglich auszuputzen. ... Wir pflegen gewöhnlich die Liebhaberei zu bunten Farben barbarisch und geschmacklos zu nennen..., allein unter einem recht heitern und blauen Himmel ist eigentlich nichts bunt, denn nichts vermag den Glanz der Sonne und ihren Widerschein im Meer zu überstrahlen. Die lebhafteste Farbe wird durch das gewaltige Licht gedämpft, und weil alle Farben ... in völliger Kraft auf das Auge wirken, so treten dadurch selbst die farbigen Blumen und Kleider in eine allgemeine Harmonie."[41]

In dieser Welt, in deren vielfachen "Abwechselungen und Mannigfaltigkeiten" Goethe die Odyssee ein "lebendiges Wort" wird, beginnt er sich wie zuhause zu

---

[37] Ebda.
[38] S.55f.
[39] S.16
[40] s. Behrmann, Alfred: Das Tramontane oder Die Reise nach dem gelobten Land. Deutsche Schriftsteller in Italien 1755-1805. Heidelberg 1996
[41] Goethe, a.a.O., S. 17

fühlen, und "nicht wie geborgt oder im Exil"[42]. Das Programm, das er sich selbst gegeben hatte: reines Auge zu sein, als vorurteilsfreier Beobachter Natur und Kultur so objektiv wie möglich zu beschreiben, wird dabei sehr schnell zugunsten höherer Ideen transformiert. Die "Sitten der Völker", die Goethe neben Natur und Kunst hauptsächlich beschäftigten, werden wie Flüsse, Pflanzen, Gebäude in die arkadische Idee gegossen. "Naturmenschen..., die unter Pracht und Würde der Religion und der Künste nicht anders sind, als sie in Höhlen und Wäldern auch sein würden"[43], werden zu den in den Tag hineinlebenden, dennoch keineswegs elenden Bewohnern des Schlaraffenlandes.

"Der zerlumpte Mensch ist dort noch nicht nackt; derjenige, der weder ein eigenes Haus hat, noch zur Miete wohnt, sondern im Sommer unter den Überdächern, auf den Schwellen der Paläste und Kirchen, in öffentlichen Hallen die Nacht zubringt..., ist deswegen noch nicht verstoßen und elend; ein Mensch noch nicht arm, weil er nicht für den anderen Tag gesorgt hat."[44]

Dennoch verführen diese Idealisierungen Goethe keineswegs, sich selbst in diesen Menschentyp hineinzuversetzen. Im Gegenteil verstärkt sich im Laufe der Zeit die beobachtende Distanz, das Bewusstsein, bei allem zunehmenden Verständnis ein Fremder zu bleiben, die naive Unmittelbarkeit dieses Menschenschlages nie erreichen zu können.

"Reisen lern' ich wohl auf dieser Reise, ob ich leben lerne, weiß ich nicht. Die Menschen, die es zu verstehen scheinen, sind in Art und Wesen zu sehr von mir verschieden, als daß ich auf dieses Talent sollte Anspruch machen können."[45]

Bei der Beobachtung des Volkes, diesmal während des römischen Karnevals, begegnet ihm wiederum das Dritte, jenes "Zusammentreffen von Notwendigkeit und Willkür"[46], das Goethe während der Beschreibung der Arena in Verona projiziert hatte. Das schier undurchdringliche Durcheinander von Regelung und Chaos, erscheint ihm

"... wie das Wasser, wenn ein Schiff durchfährt, sich nur einen Augenblick trennt und hinter dem Steuerruder gleich wieder zusammenstürzt, so strömt auch die Masse der Masken und der übrigen Fußgänger hinter dem Zuge gleich wieder in eins zusammen. Nicht lange, so stört eine neue Bewegung die gedrängte Gesellschaft"[47].

Nicht von ungefähr entwickelt Goethe angesichts solcher eigenartig zufällig-geordneter Bewegungen eine bestimmte Ästhetik des Augenblicks: Der Karneval erscheint als ein "ausschweifendes Fest, wie ein Traum, wie ein Märchen"[48], das vorübergeht wie jenes Pferderennen, das nur "in einem gewaltsamen, blitzschnellen,

---

[42] S.26
[43] S.143
[44] S.19
[45] IR 223
[46] WA 2, 6, S. 132
[47] IR 498
[48] IR 514

augenblicklichen Eindruck"[49] bestand. Bildet das vielköpfige Tier, die große Masse des Volkes, noch ein "notwendiges, unwillkürliches Dasein", aus dem er sich im Kontext mit der antiken Architektur die Schönheit der vergangenen Kunst zusammengesetzt denkt, so erhält der römische Eindruck eine neue Konnotation. Dieses Chaos gerät in die Nähe zu etwas Gewaltsamem, Erschreckendem, von keiner Wahrnehmung und keiner sozialen Kontrolle mehr Fixierbarem. In der nachträglichen Bearbeitung der römischen Erfahrungen setzt Goethe denn auch den Karneval, dessen Beschreibung ja 1789 erstmals erschien, als Metapher für ein ganz anderes, unkontrollierbares Chaos: den Ausbruch und Verlauf der Französischen Revolution. Jenes Fest, "daß die lebhaftesten und höchsten Vergnügen wie die vorbeifliegenden Pferde, nur einen Augenblick uns erscheinen, uns rühren und kaum eine Spur in der Seele zurücklassen, daß Freiheit und Gleichheit nur in dem Taumel des Wahnsinns genossen werden können, und daß die größte Lust nur dann am höchsten reizt, wenn sie sich ganz nahe an die Gefahr drängt"[50], also diese allgemeine "Freiheit und Losgebundenheit... endigt sich mit einer allgemeinen Betäubung"[51].

Bildungsroman

Stefan Oswald hat die unterschiedlichen Textversionen der goetheschen Reise, ihre Motive, Intentionen und Realisierungen sorgfältig differenziert. Vom Tagebuch über die ersten Publikationen im "Teutschen Merkur" Wielands bis zur umfangreich bearbeiteten *Italienischen Reise* lassen sich die Unterschiede in der Gewichtung von beobachtendem Subjekt und beschriebenem Objekt verallgemeinern. Versucht das Tagebuch möglichst objektiv die momentanen Impressionen festzuhalten - "mich soviel als möglich zu verleugnen und das Objekt so rein als nur zu thun wäre in mich aufzunehmen" -, eine Objektivität, die auch noch die Vorabdrucke im "Merkur" zu wahren sucht, so ist die *Italienische Reise* durch und durch stilisiert, und zwar auf das "Ich" hin, wird sie zu einer anderen Art Bildungsroman, zum Bericht der Selbstbildungsprozesse des Autors Goethe.

Die kanonische Stellung dieser Italienerfahrung in der deutschen Literatur- und Geistesgeschichte lässt leicht übersehen, dass die autobiographische Gestaltung erst das Produkt späterer Jahre ist und konträr zur Tendenz der ersten Veröffentlichungen über Italien steht, die Goethe unmittelbar nach seiner Rückkehr publizierte. Es handelt sich dabei um eine Folge kleinerer Texte, die als Auszüge aus einem Reise-Journal anonym im 'Deutschen Merkur' zwischen Oktober 1788 und März 1789 erschienen." Diese Publikation erfolgte auf Betreiben Goethes, der Anfang September 1788 Wieland vorschlug,

"eine Folge solcher kleinen Aufsätze nach und nach in den Merkur aufzunehmen und zwar so, daß ich mich engagierte, monatlich vom nächsten September bis zu Ende des Jahrs (17)89 mehr oder weniger zu liefern, damit ich eine Art Aufteilung machen,

---
[49] ebda.
[50] IR 515
[51] IR 514

einen Aufsatz mit dem andern verbinden, einen durch den andern verbinden kann. Ich habe so vielerlei, so mancherlei, das doch nach meiner Vorstellungs- und Bemerkens-Art immer zusammenhängt und verbunden ist. Naturgeschichte, Kunst, Sitten pp., alles amalgamiert sich bei mir."[52]

Das Interesse, die Gesetzmäßigkeiten herauszuarbeiten, nach denen diese unterschiedlichen Bereiche zusammenhängen, analysiert Oswald als übergreifende Grundstruktur der frühen Italientexte. Die Naturwüchsigkeit der kulturellen Institutionen, Kalender, Theater, Musik, wie auch der sozialen Einrichtungen, Regierungsformen, juristischen Systeme, erregen dabei immer wieder die Aufmerksamkeit des Reisenden, die quasi natürlichen Verhältnisse, nach denen sich die "elementaren Lebensbedingungen des Volkes"[53] ordnen. Mit der Ankunft in Rom tritt "dann die Beschäftigung mit Kunst und Antike in den Vordergrund, während für den Aufenthalt in Neapel vor und nach der Sizilienreise noch einmal die Beobachtungen des Volkslebens dominant wurden".[54]

Lange hielt Goethe diese Aufzeichnungen für unpublizierbar, "naiv", wie er sie selbst in einer Antwort an Schiller 1796 bezeichnete, als dieser um Auszüge der Aufzeichnungen für die "Horen" bat. Nur "zu einer absichtlichen Komposition umgearbeitet, würden solche Aktenstücke wohl einigen Wert erlangen"[55]. Es handelt sich für ihn also nur um Dokumente, Material einer möglichen Verarbeitung, deren Horizont oder Telos aus dem Rückblick eine ganz andere Charakteristik erhält.

"Alles, was ich in dieser Epoche aufgeschrieben, [hat] mehr den Charakter eines Menschen, der einem Druck entgeht, als der in Freiheit lebt, eines Strebenden, der erst nach und nach gewahr wird, daß er den Gegenständen, die er sich zuzueignen denkt, nicht gewachsen ist, und der am Ende seiner Laufbahn erst fühlt, daß er erst jetzt fähig wäre von vorn anzufangen."[56]

Nur als Fiktion, als Drittes, in dem Landschaft, Volk und Kultur zur Folie für den "Protagonisten eines Bildungsromans" werden, ist die *Italienische Reise* zu verstehen. "Sie war auf die Zeit der Publikation, nicht auf die der zugrundeliegenden Erfahrungen berechnet."[57] Als "autobiographische Inszenierung des Weimarer Bildungsprogramms" wird die *Italienische Reise* von Oswald schließlich gekennzeichnet, wobei die Kenntnis der tatsächlichen Italienerfahrungen Goethes den Zeitgenossen notgedrungen fehlen mußte. "Diese Verwechslung bestimmte auf lange Zeit das herrschende Goethebild, die Selbststilisierung tat ihre Wirkung."[58]

Wie sehr tatsächlich diese Kunstgestalt "Italienreisender" rezipiert und verehrt wurde, ist nicht allein in den weiteren Italienbeschreibungen anderer Schriftsteller und

---

[52] Goethe, zit. b. Oswald, a.a.O.
[53] ebda.,
[54] Oswald, S. 91
[55] S. 94
[56] ebda.
[57] S.98
[58] ebda.

Schriftstellerinnen der nachfolgenden Jahrzehnte abzulesen. Auch und gerade die literaturwissenschaftlichen Untersuchungen der Italiendichtung Goethes vermögen sich kaum von der Selbststilisierung zu distanzieren, halten ursprüngliche Notizen und späteres Bild nur auf den ersten Blick auseinander.

"Es gibt demnach Stadien der Goetheschen Italiendichtung. Er beginnt im Mignon-Lied mit der Anverwandlung überlieferter Topoi, auf seiner Reise bewältigt er das italienische Dasein im physiognomischen Anschauen von Volk, Natur und Kunst; schon aus der Erinnerung sucht er die Vergewisserung des Mythischen in den >Elegien< ... nirgends nimmt Goethe nur auf, immer ist er bildend tätig."[59]

Was Paul Requadt hier als großartige Beschreibung einer "Kulturmorphologie Italiens" bewundert, die symbolische Anschauung einer Bildersprache, die vorgeprägte Topoi, mythologische Bilder und unmittelbare Erfahrung zu bis dahin unbekannten Bildkomplexen integriert, setzt tatsächlich die Selbsterhöhungen der *Italienischen Reise* nur fort. Das Interesse Goethes am elementaren Zusammenhang von Kultur und Natur, die Erfindung jener dritten Gestalt, die nur und ausschließlich in den Texten des Autors erscheint, werden von Requadt als "schlechterdings symbolisch", als notwendige, gültige, überzeitliche Formulierungen der italienischen Erfahrung vorgestellt.

"Einzelne Züge des italienischen Daseins werden in der Zusammenschau transparent für etwas Urbildliches, werden, nachdem Goethe um 1797 die Idee des >eminenten Falles< gefaßt hat, schlechterdings symbolisch, ohne daß sich eine Bilderwelt davon loslöst und in die freie Verfügung des Dichters kommt. Davon ist erst auf der Spätstufe zu sprechen. Was Goethe in den letzten römischen Monaten erlebt, wird in seiner Realität gewiß nicht beeinträchtigt, aber so verschoben und überformt, daß es fast zum selbständigen Medium seiner Alterssymbolik wird."[60]

Hier wird nicht nur eine Idee des Autors zum notwendigen Abschluss einer exemplarischen Existenz. Umgekehrt wird der Autor zum bloßen "Medium" der verselbständigten Idee, eine geradezu platonische Konstruktion. Nur auf der Grundlage solcherart heroisierender, die Bedeutung, den Ruhm des Autors voraussetzender und zugleich damit produzierender Sekundärliteratur sind Requadts Differenzierungen der goetheschen Italiendichtung zu verstehen, keineswegs als objektive Beschreibungen historischer Phasen, wie sie Oswald versucht hatte. Goethes Italienbild wird so zur wichtigsten Matrix der Italienliteratur überhaupt.

"Die deutsche Italiendichtung setzt trotz mancher Vorläufer erst mit dem Mignon-Lied ein. ... Dies Gedicht, das die Italienbegeisterung recht eigentlich entfacht hat und das kraft Motivik und Form über Eichendorff und noch über Hofmannsthal hinauswirkt, verschließt sich trotz seiner angenommenen Leichtverständlichkeit doch einer in allen Punkten zuverlässigen Deutung, so daß

---

[59] Requadt, S.16
[60] ebda.

man fast aus seiner Hintergründigkeit die Faszination erklären möchte, die es ausübt."[61]

Zwar wird Goethe nun zunächst des Plagiats überführt. Sein Gedicht soll nichts anderes sein als die Transformation eines kleinen Epos des englischen Barockpoeten Edmund Raleigh Waller (1606-87) - mit der Versetzung der Bilder von den Bermudas nach Italien:

"Bermudas, walled with rocks, who does not know?
That happy island where huge lemons grow,
And orange trees, which golden fruit do bear,
The Hesperian garden boasts of none so fair."[62]

Dann aber ist auch Waller nichts als der Erbe einer uralten, zumindest antiken Vorstellung vom Paradies: der homerischen Beschreibung von den Gärten des "Alkinoos", die mit der Renaissance vor allem in Italien umfangreich wieder aufgenommen wurden, etwa in der Schilderung des Zaubergartens der Armida bei Tasso, wo all die von Goethe aufgezählten Bäume bereits auftauchen, Lorbeer, Myrthen, Zitronen und Orangen. Die Größe der goetheschen Verarbeitung wird von dieser Tradition jedoch in keiner Weise gemindert. Goethe ist zum einen, wie schon alle Schriftsteller vor ihm und "der Dichter" überhaupt, "der Einzige, der schon in der Welt den Einklang dieses utopischen Daseins vernimmt", er verwirklicht den Traums von Arkadien. Zum anderen, vor allem aber erhält das goethesche Gedicht seine Bedeutung gerade durch die Ungewissheit, die Vieldeutigkeit, in die es die alten Topoi versetzt.

"Das Mignonlied beschäftigt die Phantasie durch seine Bildabbreviaturen, seine Deutung ist nicht überall zu sichern, weil es feste Topoi einbildet, weil ihm durch funktionale Veränderungen des Romans wie durch die >wiederholten Spiegelungen< des alten Goethe Sinn zuwächst; es ist auf eigene Art lebendig."[63]

Wir haben es also nicht mit einem Plagiat, sondern mit der Selbstspiegelung eines großen Autors in den tradierten Bildern zu tun. "Lebendig" werden sie durch diese Transparenz des Textes auf den exemplarischen Menschen Goethe. Ein sich im wahrsten Sinne des Wortes selbstreflexiv steigernder Kreis der Bedeutungsgenerierung.

Dabei ignoriert Requadt keineswegs die Konsequenzen solcher Stilisierung, etwa die Ignoranz gegenüber politischen oder sozialen Verhältnissen, "welche die Reiseliteratur des 18. Jahrhunderts registriert hatte". Bei Goethe würfen diese nur noch Schatten auf ein Gemälde ganz anderer Dimensionen, auch wenn er den zivilisatorischen Rückstand Italiens gegenüber anderen europäischen Ländern bemerke. Die für die Betroffenen schmerzhafte Rückständigkeit werde ins Urtümliche umgedeutet, als Ausdruck geradezu homerischer oder biblischer

---

[61] Requadt, S.17f.
[62] S.18
[63] S. 22

Verhältnisse. Zum Zwecke der einen physiognomisch-kulturellen Sicht ignoriert Goethe etwa die kriminellen Verhältnisse, unter denen die römische Bevölkerung leidet, oder erklärt die Kriminellen schlicht zu "Naturmenschen", die einfach nicht anders könnten als ihren seit Jahrtausenden tradierten Gewohnheiten nachzugehen. All das aber bleiben Fußnoten im Kontext des arkadischen Ich-Ideals, nur im Hinblick auf das von Goethe geplante "umfassende Italienwerk, das auf der geplanten >zweiten< Reise konzipiert werden sollte", stellt sich Requadt die Frage, ob solche Aufmerksamkeiten "nicht diese Sinneinheit gesprengt hätten, da er hier im Übergang zur empirischen Forschung sehr konkrete soziale und geistige Beziehungen freizulegen und dazu die ausgedehnte frühere Reise- und Fachliteratur bis zu Arbeiten über die italienische Landwirtschaft zu benutzen dachte."[64]

Es ist wohl diese hier von Requadt nur marginal bemerkte Ambivalenz, der Widerspruch von Ideal und Empirie, der einen treibenden Stachel all der Wallfahrten nach Italien abgibt. Das Reisen selbst, die empirische Bewegung ins ideale Land könnte als die Realisierung einer Opposition angesehen werden: einer nur durch die Materialisierung der angelesenen Texte in der Reiseerfahrung lösbaren Spannung. Nur in den Veränderungen, Umgruppierungen, Transformationen der Pole dieser Spannung - Nord/Süd, Kultur/Natur, Gesellschaft/Individuum... - wäre danach die Italienliteratur zu begreifen, ergeben sich ihre unterschiedlichen Funktionen und Effekte.

Mit, nach und gegen Goethe

Erinnert sei an die "Komposition" Goethes: Unmittelbare Erfahrungen, die in Notizen, Tagebüchern und Briefen festgehalten wurden, werden mit den literarischen und kulturellen Traditionen zu jenem Dritten amalgamiert, zur retrospektiven Umdeutung kontingenter Alltagserfahrung in Dichtung. Eben diese eigenartige Kunsterfahrung der "Italienischen Reise" bildet wohl das Faszinosum für all die Nachfolger Goethes, auf diesen Spuren bewegen sich Eichendorff, Heine, Fontane, Rilke oder die Gebrüder Mann, auch wenn sie sie anders, schließlich dem goetheschen Sinne ganz entgegengesetzt lesen werden. Auf diese unterschiedlichen Perspektiven hatte bereits Wilhelm Emrich hingewiesen.

"Was aber bedeutet diese eigenartige Symbolbildung eines Landes grundsätzlich für die Begegnung zweier Völker? Es wird aus ihr deutlich, daß zwischen zwei Völkern nicht nur die konkreten Begegnungen wirksam sind, die sich in Reiseeindrücken, in den politischen und wirtschaftlichen Beziehungen oder geistigen Wechselwirkungen ausdrücken, sondern daß hintergründigere seelische oder geistige Kräfte hineinspielen und das Bild bestimmen, das die einzelnen Völker gegenseitig voneinander formen. Ein Land ist nicht nur ein geographischer, politischer, wirtschaftlicher, geschichtlicher Begriff, sondern ein geistig-seelisches Sinngebilde, das einen bestimmten Platz sogar in einem philosophischen System oder in einer

---

[64] S. 28

dichterischen Weltdeutung einnehmen, eine bestimmte Gedankenwelt oder Seinssphäre des Menschen überhaupt vertreten kann. Dieses Sinngebilde ist von deutschen Dichtern im Ringen um eigene Klarheit erarbeitet worden, es entsprang inneren Konfliktsituationen, die jeweils ihre gesamte Lebenswirklichkeit umspannten."[65]

Auch bei Emrich findet sich die Formulierung vom Schlüsselerlebnis Italien. In dessen Bild ist also ein Code niedergelegt, der von den Reisenden nur auf immer neue Art decodiert wird.

"Das deutsche Italienbild ist daher zugleich ein Schlüssel zur Seelengeschichte des deutschen Volkes, so daß manche sogar gesagt haben, ein Deutscher ohne Italienerlebnis sei gar kein Deutscher".[66]

Wie sehr sich tatsächlich spezifisch deutsche Utopien in die italienische Landschaft und Kultur umformulieren, macht Emrich am Beispiel Heinses deutlich.

"Nur wenige Jahre vor Goethe hat Heinse in den Jahren 1780 bis 1783 Italien durchstreift, und diese Italienreise bedeutete das zentrale Ereignis seines Lebens. Hier in Italien glaubt er dem Menschen in seiner freiesten und vollkommensten Existenzform zu begegnen. Der Italiener... entwickele die Kräfte, die die Natur in ihm angelegt hat, ohne künstliche gesellschaftliche Hemmungen bis zur höchsten Vollendung; nur in Italien sei daher der homo universale im 15. und 16. Jahrhundert möglich gewesen. Von hier aus entwirft er ein Idealbild vom Menschen, das sich trotz aller Ähnlichkeiten in entscheidenden Punkten von den Wunschbildern des deutschen Sturm und Drang unterscheidet und manche Elemente des Renaissance- und Menschenbildes Nietzsches vorwegnimmt...."[67]

Heinse entwickelt so das Bild einer radikalen, von allen sozialen Verpflichtungen befreiten Individualität, eine sich im Naturzustand des goldenen Zeitalters vollendende Phantasie.

"In ihrer letzten Konsequenz bedeutete sie ja die Aufhebung jeder allgemein verbindlichen Ethik, jedes konkreten Staats- und Gemeinschaftsgedankens sowie der abendländischen Religiosität. Der Roman >Ardinghello< mündet dementsprechend auch in der Utopie von der Gründung einer heidnischen südlichen Naturreligion auf extrem individualistischer Grundlage."[68]

Eine durchaus entgegengesetzte, wenn auch unter dem Druck oder Vorbild anderer Italienreisender angestellte Erfahrung ist von Johann Gottfried Herder dokumentiert. Im August 1788, zwei Monate nach Goethes Rückkehr aus Italien, reiste er auf Vorschlag des Domherren Fritz von Dahlberg mit diesem und seiner feudalen Begleitung ins Sehnsuchtsland. Er erlebt dort allerdings keinerlei Wiedergeburt,

---

[65] Emrich, Wilhelm: Das Bild Italiens in der deutschen Dichtung. In: Studien zur deutsch-italienischen Geistesgeschichte. Köln 1959, S. 263
[66] ebda.
[67] S.272
[68] S.273

erfährt Italien keineswegs als persönliche Bereicherung oder gar Einkehr in Arkadien. Stattdessen nur Misshelligkeiten, eine durchdringende Fremdheit gegenüber der anderen Kultur, von Anfang an ist und bleibt Herder auf Distanz zu den sich bietenden Ansichten. Seine Aufzeichnungen sind auch nicht als eigene Reisebeschreibung überliefert, schon gar nicht zum Bildungsroman stilisiert wie die goetheschen. Vielmehr setzen sie sich aus Briefen, Tagebucheintragungen und längeren Beschreibungen der Kunst, Kultur, der Begegnungen mit den Menschen zusammen. Wenn man so will, liefert Herder einen Zettelkasten an Erfahrungen, die, das sei hier nicht vergessen, im Jahr der Französischen Revolution gemacht werden. Mit den besten Wünschen des Herzogs Karl August wird Herder auf den Weg geschickt.

"... Das sie gewiß kein Hindernis finden werden, mit ihm (Dahlberg) die Reise nach dem gelobten Lande zu tun, und seine Gesellschaft von der Art ist, daß solche für Sie nicht die mindeste Beschwerlichkeit haben kann, sondern fähig ist, Ihnen vielerlei Annehmlichkeiten zu gewähren. Ich wünsche Ihnen recht herzlich Glück zu diesem angenehmen Zufalle, ... welcher Sie gerade zur erquickenden Quelle führen soll."[69]

Von Konstanz aus wünscht Goethe dem älteren Freund ebenfalls alles Angenehme für die Reise, für ihn ja tatsächlich eine Reise an die Quellen der abendländischen Kultur, wo er das erste Glück seines Lebens erfahren hatte.

"Das ich von Constanz an Dich nach Rom zu schreiben habe, ist wohl eine seltsame Sache, die mir noch völlig den Kopf verwirren könnte. Gestern abend lese ich in der Vaterlandschronik, Du seiest wirklich mit Dahlbergen verreist. Ich glaube es und ergebe mich drein, ob es gleich für mich ein sehr harter Fall ist. Reise glücklich und erbrich den Brief gesund, da wo ich in meinem Leben das erste Mal unbedingt glücklich war."[70]

Das Glück nun bleibt Herder auf seiner Reise durchaus fern, auch wenn er es, in Italien angekommen, noch hin und wieder zitiert.

"Verona, den 4. September, seit gestern abend sind wir glücklich hier, auch ist die Arena oder das Amphitheater in Augenschein genommen, samt den Sehenswürdigkeiten, die daran grenzen; bald soll ich in die Akademie, das Museum T. gehen, und währenddessen schreibe ich Dir, liebste, einzige Gute, Gute einige Zeilen... Ohne Kenntnis der Landessprache zu reisen ist immer und überall, zumal in Italien, eine verdrießliche, lächerliche, kostbare und am Ende unvernünftige Sache; wir arbeiten darauf, hier einen sprachkundigen Menschen als Kurier mitzunehmen, u. die Reise soll hoffentlich besser gehen. ... Mit einem Vetturin zu reisen, wie G(oethe) gereiset ist, muß eine ganz andere Sache sein, als jetzt unter solchen Umständen al Barone, wo man geprellt werden muß, so bald nur die Arche Noah von 6 Personen,

---

[69] Herder, Johann Gottfried: Italienische Reise. Briefe und Tagebuchaufzeichnungen 1788-1789. Herausgegeben, kommentiert und mit einem Nachwort versehen von Albert Meier und Heide Hollmer. München 1988, S. 7f.
[70] S.10

Männer u. Weiber, von außen mit Gold eingefaßt, u. entsetzlich beladen, ansichtig wird."[71]

Wo Goethe sich verkleidet hatte, um nicht als Fremder erkannt und vielleicht ausgebeutet zu werden, stellt die Herdersche Gesellschaft ihren feudalen Status eher grell zur Schau - und wird natürlich entsprechend behandelt. So bemerkt Herder zwar die kulturellen Denkmäler, erfüllt als gebildeter Anhang seiner adligen Gesellschaft das touristische Programm.

"Verona ist sehr groß; in Absicht der Gebäude gibt's, glaube ich, in ganz Deutschland nichts dergleichen: die Gegend umher ist wohl angebauet und schön, aber einförmig. Prächtige Trauben schlingen sich überall zwischen den Maulbeerbäumen in Kränzen herauf, und Werner hat schon manchen vollen Raub begangen, der hier allenthalben auf den Straßen erlaubt ist. In den Wirtshäusern siehts desto elender aus, ob mir gleich Alles sehr klar ist, und ich manches sogar billige, worüber andere sich quälen. Der Italiener lebt sich selbst: wir armen Nordländer leben allein für andre."[72]

Landschaft und Volk werden ganz traditionell aufgefasst, auch Herder nimmt zunächst nichts als den erwarteten und also sichtbaren Naturzustand des Landes wahr. Selbst die antike Erfahrung scheint sich auf seiner Reise einmal wieder zu beleben, auch er glaubt sich als zweiter Odysseus.

"Diese Szene, dieser Anblick, die kühle erfrischende Meeresluft, nach einer Reihe so heißer Tage, die Ruhe, die wir in Pesaro, noch mehr aber hier in Ancona genossen, hat uns allen ein neues Leben gegeben. Mir sind die See-Szenen meiner Jugend wieder vor die Seele getreten, und ich habe gestern abend den ersten Blick wieder in Homers `Odyßee` getan. Heut morgen greife ich wieder nach ihr (Bodmers Übersetzung, die D. mithat) und denke, was ich aufschlage S. 256 die Worte über die Sirenen. Schlage sie Wundershalben auf; sie sollen mir gesagt sein, und ich mache die Stricke zurecht, mich an den Mast zu binden".[73]

Aber das, was ihn in Italien in Versuchung führt, ist dann doch nur die Erinnerung an Heimat und Familie.

"Man kommt in Italien zu nichts; man mag nicht lesen, denken noch weniger; das Schreiben aber an Dich wird mir äußerst süß; es ist ein Zauber drin, wenn ich denke, daß ich hunderte von Meilen hinüber so herzlich und vertraulich mit Dir sprechen kann, als ob Du vor mir säßest."[74]

Das italienische Volk selbst erscheint Herder bei näherem Hinsehen eher durchtrieben, auf eine durchaus falsche Weise theatralisch. Das schlimmste Beispiel geben dabei dem Protestanten aus dem Norden natürlich die Kleriker.

---

[71] S.87
[72] S.88
[73] S.102f.
[74] S.103

"Terni, den 17. September. Am ersten Tage passierte nichts so gar Merkwürdiges: Ich ging Nachmittag einen berühmten Missionar hören, den der Papst aus Rom nach Ancona geschickt hatte, die Ketzer zu bekehren. Er predigte auf einem großen Platz vor viel 1000. Männern und Weibern, der abgefeimteste Pfaffe, in der schönsten Italienisch - Römischen Mundart, so infam, daß ich Dir den Greuel nicht sagen mag: weil er mit den religiösesten Gebärden lauter Geschichtchen und Gespräche der donne aus dem Beichtstuhl erzählte, hinter jeder derselben lachte das ganze andächtige auditorium laut auf, und blieb immer andächtig.... So verbringt man die Zeit, wenn keine Oper oder Komödie da ist, u. das Damen, wie Herren u. das Volk. Man hat keinen Begriff von dem in den Tag hineinleben unter freiem Himmel."[75]

Die paradiesische Unmittelbarkeit, jenes gedankenlose Wie-die-Vögel-in-den-Tag-Hineinleben, das Goethe und viele andere als arkadisches Glück begegnete, erscheint Herder als keineswegs unproblematische Verschwendung. Die Naturbegabung des Südländers zur theatralischen Inszenierung auch noch der kleinsten Alltagssituation, für Herder ist sie bloße Schauspielerei, überflüssiges, wenn nicht arglistiges Versteckspiel ganz handfester Absichten.

"Ihr alter Zucchi ist ein braver Mann in seiner Art; er kommt mir aber immer wie ein Venezianischer Alter in der Komödie vor, und im Grunde wird mir hier alles ein Schauspiel. Die große Welt, die Kardinäle, Monsignori, Principi und Principesse fangen mich auch an zu enuyieren; es ist indessen auch gut, dies Schauspiel gesehen zu haben, an etwas Ernsthafteres ist hier nicht Zeit zu denken."[76]

Bei Thomas Mann wird sich später ein ebenso disziplinierter Schriftsteller in einen "venezianischen Alten" verwandeln, selbst zum Darsteller im ewigen Schauspiel werden und daran schließlich zugrunde gehen. So weit geht Herder noch nicht, bleibt wie gesagt in beständiger Distanz zu dem sich bietenden falschen Bild. Als pädagogisches Exempel für den Sohn Wilhelm mag es dabei noch herhalten.

"Lieber Wilhelm, weil Du ein so wackrer Mensch bist und mir so gute Briefe schreibest, auch mir die Hoffnung machst, daß ich bei meinem Wiederkommen schöne Arbeiten von Dir finden soll, will ich Dir auch einen ordentlichen Brief schreiben von einigen schönen Sachen und Gebäuden, deren es in Rom so viele gibt. Die schönste Kirche oder vielmehr der schönste Tempel nach meinem Sinne ist die Rotonda: wenn Du wirst zeichnen können, mußt Du dieselbe oft zeichnen."[77]

So beschreibt Herder dem Sohn die Antoniussäule, das Colosseum, das Forum Romanum und vieles mehr, alles mit den entsprechenden Anmerkungen aus der römischen Geschichte.

"So muß auch das goldene Haus des Nero gewesen sein, und denke Dir einmal, wie ihm zumut war, da er sich in diesem ungeheuren Hause nun plötzlich von aller Welt verlassen fand und er überall vergebens einen Sklaven suchte, indes das empörte

---

[75] S.113
[76] S.268f.
[77] S.229

Volk hinzudrang, ihn zu finden, zu geißeln und wie einen Verbrecher zu bestrafen. Lerne hübsch die römische Historie, ich werde Euch, wenn ich zurückkomme, vieles erzählen, was vom Anblick Roms zu ihrer Erläuterung dienet."[78]

Nur in didaktischer Absicht erlaubt hier Herder seiner Einbildungskraft, die alten Erzählungen mit den Ruinen zu verknüpfen. Als wirklichen Beruf mag er dem Sohn dann aber doch solche ästhetische Existenz nicht empfehlen.

"Wenn Du fleißig und gut bist, wirst Du auch einmal vor dem Colisäum sitzen und zeichnen, ob Du wohl deshalb eben kein bloßer Maler zu werden brauchst; Du mußt alles lernen, und ein nützlicherer Mensch, als die meisten Maler sind, werden."[79]

Alles in allem quält sich Herder nur mit der "vermaledeiten Gesellschaft" durch Italien, in Rom ist ihm "im Grunde alles... Gift und Ekel".

"Ich fahre mit ihnen, schleppe mich auf ihrem Kurs mit, auf dem wir, so elend geht's, in 2 Jahren Rom nicht aussehen werden, warte auf die Zeiten, da es der g. Fr. beliebt, ärgre mich und genieße nichts; was wollet Ihr mehr?"[80]

Erst in Neapel, am südlichsten Ende der Reise, scheint auch Herder eine Art Wiedergeburt im klassischen Land zu erleben.

"Napel den 6. Januar 89.

Liebes Weib. Ich bin glücklich in Neapel. Ehegestern Nacht kamen wir an, die Nacht vom Sonn- auf den Montag: die Reise war beschwerlich, denn die schönen Orangenwälder dieses glücklichen Erdstrichs liegen unter ungesehenem u. unerhörtem Eise: ein trauriger Anblick, u. Pferde u. Menschen, die des Schnees, des Eises u. der Kälte eben so ungewohnt waren, konnten sich auch nicht drin finden u. fanden es brutta cosa bei solchem Wetter zu reisen. Wer konnte es aber voraussehn? u. am Ende hoffen wir, daß es gar nicht von Dauer sein soll. Trotz der Kälte ist die Luft hier, wie ich sie Zeitlebens noch nicht gefühlt habe, balsamisch u. erquickend. Vom drückenden Rom befreit fühle ich mich wie einen ganz andern Menschen, wiedergeboren an Leib u. Seele. Was muß das für ein Aufenthalt sein, in der schönen Jahreszeit? Ich glaube, man vergißt hier die ganze Welt u. wünscht, mit den Seinigen hier nur zu sehen, nur zu atmen."[81]

Nur im Konjunktiv, als reine Wunschphantasie erlaubt sich Herder eine imaginäre Existenz unter Orangenwäldern "am Meer mit der schönsten Aussicht". Tatsächlich ist dies die ganz logische Konsequenz einer Reiseerfahrung, die nichts als Mängel registriert, die nichts von dem erlebt, was sie sich erwartet hatte. Durch die Umstände, vor allem durch seine "vermaledeite" Reisegesellschaft gibt Herder damit das erste Beispiel einer negativen Abtrennung der Reiseerfahrung von der

---

[78] S.230
[79] S.231
[80] S.155
[81] S.300

Imagination, für das unvermittelte Nebeneinander von äußerer Bewegung und inneren Bildern. Am Ende will er nur noch reisen, nichts mehr sehen.

"Mailand, den 13. Juni 1789.

Dem Herzoge danke für seine Erbietungen auf's untertänigste, und melde ihm das, was ich Dir oben für Göthe schon gesagt habe und Du selbst weißt. Schreiben kann ich nicht, oder nicht viel an ihn; u. was soll das Unterhandeln über diese Materien in italienischen Wirtshäusern? Laßt mich ruhig reisen u. ankommen: meine äußerst scheugewordene, in sich zusammengeschreckte, matte Seele kann jetzt nichts mehr, als - reisen."[82]

Fast zur gleichen Zeit wie Herder reiste Karl Philipp Moritz nach Italien, und seine Erwartungen werden keineswegs enttäuscht. Während er auf die Reparatur eines Rades an seiner Reisekutsche wartet, beschreibt er in einem Brief an Campe seine Eindrücke von einer Ebene vor Verona.

"Ein Rad an unserem Wagen ist gebrochen:... habe Musse genug, Ihnen, mein Werthester, einige Zeilen zu schreiben. Ich nahm diese Gelegenheit wahr, weil ich die ersten Eindrücke, welche der Anblick dieses reizenden Himmelsstriches auf mich macht, nicht gerne möchte wieder verlöschen lassen... Das Gewölk ist so fein und zart gesponnen, der Dunstkreis so leicht und dünn gewebt, die Bläue des Äthers so hell und durchsichtig, und die Wölbung ist an den Horizont so sanft gezogen, daß das Auge durch diesen Anblick auf eine ungewöhnliche Weise erquickt wird, und mit einer Art von Sehnsucht an diesem Himmel hängt..."[83]

Ein Klima, in dem Maulbeerbäume und Weinstöcke trotz nächtlichen Frosts ohne Schwierigkeiten wachsen, Winzer, die mit Ochsen bespannte Wagen dirigieren, auf denen "jauchzende Knaben" sitzen, "gleich dem Bacchus... und die Hörner der Ochsen sind mit Weinlaub bekränzt" - Moritz fühlt sich tatsächlich im Paradies. Seine Erfahrungen transformiert er vom ersten bis zum letzten Tag der Reise in mythische Schemata, bereits die Reise bis Verona hat er als ein neuer Odysseus erlebt.

"Hinter Roveredo fingen gestern die Berge allmählig abzunehmen, und eine Strecke hinter Ala, eröffnete sich endlich in der Ferne eine Aussicht, welche aus dem Labyrinth, worin man sich durch diese Gebirge meistens unten im Tale windet, den Ausgang offen ließ. ... Dieser Ort scheint recht von der Natur gemacht zu seyn, um schon durch seinen Anblick Furcht und Schrecken einzuflössen: ... weil die Etsch hier eine Krümmung macht, so ist man rundumher eingeschlossen. Zwischen den Felsenwänden, welche einen durch ihre entsetzliche Höhe fast den Anblick des Himmels rauben, herrscht eine Todtenstille, die nur durch das Rauschen des Flusses unterbrochen wird."[84]

---

[82] S.498
[83] Moritz, Karl Philipp: Werke, hrsg. v. Horst Günther, Bd. 2 (= Reisen, Schriften zur Kunst und Mythologie). Frankfurt/M.: Insel Verlag 1981, S. 855
[84] S.856

Durch all diese Gefährdungen, denen er mit seinen Reisegefährten ausgesetzt ist, die allerdings in nicht viel mehr als "fürchterlichen Anblicken" bestehen, gelangt er so schließlich in das Sehnsuchtsland mit dem anderen Licht, der sonderbaren Sprache, durch die das Ohr "auf eine angenehme Weise" berührt wird, in den puren Überfluss an Natur wie jahrtausendealter Kultur.

"So wie wir weitergingen, stiegen zwar hin und wieder noch einige Hügel empor, die aber schon grün bewachsen waren, und ganz in der Ferne machten zwei hohe Zypressenbäume in der Abenddämmerung einen sanften Anblick. ... Wenn es allenthalben so ist wie hier, so begreife ich nicht, wie man sich über die Bewirthung in den italienischen Gasthöfen beklagen kann. Es wurde uns ein ordentlicher Überfluß von sehr guten Speisen, Wein und Früchten aufgetragen, und dem ohngeachtet nicht mehr, wie in einem deutschen Gasthofe bezahlt. ... Man geht mit Vergnügen unter diesen bedeckten Gängen, um ein Volk, dessen Sitten und Gebräuche man kennenzulernen begierig ist, hier vor seinen Augen leben und handeln zu sehen."[85]

Hier ist der Stein nicht tot

Mit Joseph Freiherr von Eichendorff, dem 1788 auf Schloss Lubowitz in Oberschlesien geborenen Spätromantiker, beginnt jene Reihe von Italienbildern, die auf keinerlei persönlicher Erfahrung beruhen, die vielmehr wie bei E.T.A. Hoffmann oder Jean Paul sich ganz aus der literarischen Tradition nähren, Bilder nur nach Bildern. Dabei ist Eichendorff durchaus weit in Europa herumgekommen. Nach dem 1804 in Breslau begonnenen Jurastudium ging er nach Paris, wo er weniger studierte, mehr sich mit den dort anwesenden romantischen Schriftstellern gesellig vergnügte. Von da ging er nach Berlin und Wien, wo er sein Juraexamen abschloss, um eine relativ steile Karriere in der preußischen Bürokratie anzustreben. Vom Schulrat zum Regierungsrat wurde er sehr bald einer der leitenden Sekretäre des Kulturministeriums. Bereits 1844 quittierte er allerdings den Staatsdienst. Wie Grimm schreibt, aufgrund "der Schwierigkeiten, die man ihm als Katholiken in Preußen machte", doch wird wohl auch die "gespaltene" Existenz Eichendorffs ihre Rolle gespielt haben. Wie Hoffmann lebte er tagsüber ein bürokratisiertes, durchgeplantes Leben... um abends oder in der Nacht an den Dämonen, Geheimnissen, den unheimlichen Gestalten seiner Phantasie fortzuspinnen. Die Widersprüche von Kalkül und Irrationalität, von nordisch-protestantischer Verwaltungsmentalität und südlich-katholischer Imagination prägen auch seine in unterschiedlichsten Texten entwickelten Vorstellungen Italiens. Wie gesagt ist Eichendorff nie in Italien gewesen, dennoch hat interessanterweise seine bekannteste Erzählung "Aus dem Leben eines Taugenichts" von 1826 das romantische Italienbild geprägt wie kaum ein anderer Text, vergleichbar nur dem Lied Mignons aus den "Lehrjahren" Goethes. Italien ist hier nicht unbedingt das Sehnsuchtsland, wie noch

---

[85] S.857 ff.

weitgehend ungebrochen bei Moritz. Vielmehr ist Italien Schauplatz für Intrigen, Machtkämpfe, Leidenschaften, für Verführung, Unmoral und Dämonie."[86] Wenn der Taugenichts Rom verlässt, sind zwar all die bekannten Elemente des tradierten Bildes noch einmal genannt, bekommen aber eine durchaus andere Konnotation.

"Die Wasserkunst, die mir vorhin im Mondschein so lustig flimmerte, als wenn Engelein darin auf- und niederstiegen, rauschte noch fort wie damals, mir aber war unterdes alle Lust und Freude in den Brunnen gefallen. - Ich nahm mir nun fest vor, dem falschen Italien mit seinen verrückten Malern, Pomeranzen und Kammerjungfern auf ewig den Rücken zu kehren, und wanderte noch zu selbigen Stunde zum Tore hinaus."[87]

Unter dem spätromantischen Blick beginnt das Objekt der Sehnsucht sich aufzuspalten. An der Oberfläche behält es alle Zuschreibungen des tradierten Ideals, bleibt sonnendurchflutet, wohlgestaltet, eine überreiche Ansammlung kultureller Denkmäler. Genau diese aber werden nachhaltig ausgehöhlt, unter der Oberfläche lebt eine gefährliche, ungreifbare Tiefe. In der Version Eichendorffs wird Italien mit einem Wort: "falsch". Dies Wesen hinter den sichtbaren Dingen entwickelt sich zur eigentlichen Versuchung des Italienreisenden. "...alle diese unheimlichen Vorstellungen und halb unbewußten Gefühle" bündelt bereits die frühe Erzählung *Das Marmorbild* von 1819. Grimm notiert, dass gerade diese "wie nur wenige andere Novellen der Romantik" zu einem Lieblingsstück gegenwärtiger Interpretationen avanciert sei. Tatsächlich ist die romantische Literatur nicht gleich die Erfinderin der modernen Psychologie. Aber wie keine andere Literaturepoche hat sie jenen unbewussten Raum bebildert, der dann von der klassischen Psychoanalyse bis zum Strukturalismus des 20. Jahrhunderts ausgeleuchtet worden ist. Eichendorff selbst bezeichnete den Text als "Novelle oder Märchen", zu der ihn "eine Anekdote aus Eberhard Werner Happels 'Grössesten Denkwürdigkeiten der Welt oder so genandte Relationes Curiosae'"[88] angeregt habe.

Der Plot dieser Novelle ist schnell erzählt. Ein junger Edelmann namens Florio verliebt sich in Lucca in die ebenso junge Bianca, mit durchaus guten Aussichten auf eine glückliche Verbindung. Von diesem ordentlichen Wege wird er durch die Begegnung mit dem Marmorbild abgebracht. In einem Park trifft er auf die marmorne Statue der Venus, die ihm "wie eine lang gesuchte, nun plötzlich erkannte Geliebte" erscheint. Wie im Urmythos vom Bildhauer Pygmalion verliebt er sich rettungslos in das bleiche Bild, woraufhin es tatsächlich verlebendigt wird. Venus erscheint ihm in Gestalt einer wunderschönen Adligen, gar in doppelter Gestalt auf einer Redoute, einem klassischen Maskenball. Am Höhepunkt der Erzählung, im geheimnisvollen Schloss der wiedererstandenen Göttin, vervielfacht sie sich schließlich in immer neuen, gefährlichen Bildern. Dies allerdings führt zur Desillusionierung Florios, Venus versteinert aufs Neue, das wahre Leben hat den jungen Mann wieder, der

---

[86] Grimm, Gunter E. (Hrsg.). Italien-Dichtung. Erzählungen von der Romantik bis zur Gegenwart, Stuttgart 1988, S. 447
[87] Eichendorff, in: Grimm, S. 447
[88] Grimm, S.448

Heirat mit Bianca steht nichts mehr im Wege. Durchaus alle Themen, Elemente und Formen der tradierten Italienliteratur werden auch bei Eichendorff zitiert. Seine Erzählung thematisiert allerdings nicht bloß die Wiederkehr oder Wiedergeburt der antiken Kultur im Erlebnis des Reisenden, sie schreibt das Thema um. Die Wiedergeburt wird von ihr als eine verkehrte, falsche Wiederholung bezeichnet, die den in der Gegenwart Lebenden nur in eine gefährliche Verblendung führen kann. Eichendorffs Text selbst ist als eine Art Simulation der bisherigen Italienreisen konstruiert, eine Kopie, die das Kopieren denunziert, das nur trügerische Oberflächen herstellt, verdorbene Zitate. Wollte man die Wendung, die in der Italienvorstellung mit dieser Erzählung stattfindet, anhand des Titels verdeutlichen, so liegt das Gewicht seit dieser Novelle auf dem *Bild*. Es ist aus keinem festen Stein mehr geformt, besteht nur noch aus einem kernlosen Schein. Der Marmor, für Goethe noch sowohl als Material Objekt naturwissenschaftlicher Studien wie als Plastik oder Architektur im Zentrum kulturhistorischer Faszination, verliert alles Gewicht. Er wird zu der dünnen Oberfläche eines Textes, der vor einer gefährlichen Verblendung zu warnen sucht: vor den Illusionen einer aus bloßen Buchstaben gespeisten Einbildungskraft.

Auf den ersten Blick befinden wir uns im bekannten, hellen, leichtfertigen Italien der tradierten Erzählungen. Es "war ein schöner Sommerabend, als Florio, ein junger Edelmann, langsam auf die Tore von Lucca zuritt, sich erfreuend an dem feinen Dufte, der über der wunderschönen Landschaft und den Türmen und Dächern der Stadt vor ihm zitterte, so wie an den bunten Zügen zierlicher Damen und Herren, welche sich zu beiden Seiten der Straße unter den hohen Kastanien-Alleen fröhlich schwärmend ergingen."[89]

Aber hier gleich begegnet dem jungen Edelmann ein geheimnisvoller Fremder, der ihn nach seinem Woher und Wohin fragt, und als er von der Reise Florios in den Norden hört, einigermaßen unverständliche Warnungen ausspricht.

"'Habt Ihr wohl jemals', sagte er zerstreut aber sehr ernsthaft, 'von dem wunderbaren Spielmann gehört, der durch seine Töne die Jugend in einen Zauberberg hinein verlockt, aus dem keiner wieder zurückgekehrt ist? Hütet Euch!'"[90]

Der Zauberberg, in den auch Thomas Mann seinen jungen, naiven Hans Castorp verlocken wird, aus dem er ihn allerdings wieder hinausgelangen lässt, in den 1. Weltkrieg ... hier jedenfalls beginnt der leichte und sich dann zunehmend verstärkende Schauer, die "wunderliche" Traumwelt, aus der sich Florio nicht so leicht lösen können wird. Nach dem Fremden begegnet ihm ein "hoher schlanker Ritter in reichem Geschmeide", und mit ihm beginnt "eine ängstliche Störung, deren Grund sich niemand anzugeben wußte", die Aushöhlung der auf den ersten Blick so fröhlich-friedlichen Welt.

"Es begann nun ein wunderliches Gewimmel von Wagen, Pferden, Dienern und hohen Windlichtern, die seltsame Scheine auf das nahe Wasser, zwischen die Bäume und die schönen schwirrenden Gestalten umherwarfen. Donati (der Ritter, P.G.)

---
[89] Eichendorff, in: Grimm S. 35
[90] S. 36

erschien in der wilden Beleuchtung noch viel bleicher und schauerlicher als vorher."[91]

Ausdrücklich wird der junge Mann immer wieder von Bildern irritiert, eine zwischen Tag und Traum verwischte Einbildung beschrieben.

"In seiner von den Bildern des Tages aufgeregten Seele wogte und hallte und sang es noch immer fort... da war es ihm, als führe er mit schwanenweißen Segeln einsam auf einem mondbeglänzten Meer. Leise schlugen die Wellen an das Schiff, Sirenen tauchten aus dem Wasser, die alle aussahen wie das schöne Mädchen mit dem Blumenkranze vom vorigen Abend. Sie sang so wunderbar, traurig und ohne Ende, als müsse er vor Wehmut untergehen. Das Schiff neigte sich unmerklich und sank langsam immer tiefer und tiefer - da wachte er erschrocken auf."[92]

Florio kehrt hier keineswegs in die Normalität zurück, vielmehr wird er in ein Wechselbad der Bilder gestürzt, als deren Zentrum sich eben jene Marmorfigur abzeichnet.

"Der Mond, der eben über die Wipfel trat, beleuchtete scharf ein marmornes Venusbild, das dort dicht am Ufer auf einem Steine stand, als wäre die Göttin soeben erst aus den Wellen aufgetaucht und betrachte nun, selber verzaubert, das Bild der eigenen Schönheit, das der trunkene Wasserspiegel zwischen den leise auf dem Grunde aufblühenden Sterne widerstrahlte."[93]

Wie schon allen Italienreisenden begegnet auch diesem der antike Mythos, nur eben als eine Art gefährlicher Widergänger oder vielmehr Widergängerin, die dem jungen Mann das Selbst zu nehmen droht. Sie wird zugleich als eine längst gekannte, von Florio in seiner "frühesten Jugend" ersehnte Gestalt vorgestellt.

"Florio stand wie eingewurzelt im Schauen, denn ihm kam jenes Bild wie eine lang gesuchte, nun plötzlich erkannte Geliebte vor, wie eine Wunderblume, aus der Frühlingsdämmerung und träumerischen Stille seiner frühesten Jugend herausgewachsen."[94]

Sehr deutlich erklärt die Erzählung dies Bild als Selbsttäuschung, als aus der Erinnerung heraus verlebendigte Projektion.

"Je länger er hinsah, je mehr schien es ihm, als schlüge es die seelenvollen Augen langsam auf, als wollten sich die Lippen bewegen zum Gruße, als blühe Leben wie ein lieblicher Gesang erwärmend durch die schönen Lieder heraus."[95]

Noch vermag den Protagonisten das Phantasma nicht ganz und gar zu fesseln. Als ihn die "steinernen Augenhöhlen" anschauen, überfällt ihn "ein nie gefühltes Grausen", so dass er den Ort so schnell wie möglich verlässt, um "sichtbar verstört" in seiner

---

[91] S.43
[92] S.45
[93] S.47
[94]
[95] ebda.

Herberge anzukommen. Aber der erste Wechselblick hat tatsächlich ausgereicht, das Marmorbild hat seine Spur aufgenommen.

"Lauschend blieb er stehen, die Töne kamen immer näher und näher, da trat plötzlich in dem stillen Bogengange eine hohe schlanke Dame von wundersamer Schönheit zwischen den grünen Bäumen hervor.... Florio stand in blühende Träume versunken, es war ihm, als hätte er die schöne Lautenspielerin schon lange gekannt und nur in der Zerstreuung des Lebens wieder vergessen und verloren, als ginge sie nun vor Wehmut zwischen dem Quellenrauschen unter und riefe ihn unaufhörlich, ihr zu folgen."[96]

Was die Psychoanalyse schließlich begrifflich formulieren wird, findet sich in der Literatur bereits als eine spezifische Transformation der Metaphern. Aus dem Land der lebendig erhaltenen antiken Kultur, in der die Reisenden von Herder, Goethe bis Nietzsche ihre eigene Wiedergeburt erfahren, oder wie Heinrich Mann im 20. Jahrhundert überhaupt erst geboren werden, zumindest als Schriftsteller - bei Eichendorff wird die Wiedergeburt zu einem gefährlichen Trauma. Zwar belebt das Phantasma der "lange gekannten", so seltsam wiedergekehrten Gestalt, diese Mutter-Imago aus der Kindheit auch den in sie Verliebten, erhellt seine Phantasie, versetzt ihn in eine "unbeschreibliche" Fröhlichkeit.

"Ihm war so unbeschreiblich wohl. Das schöne Marmorbild war ja lebend geworden und von seinem Stein in den Frühling hinuntergestiegen, der stille Weiher plötzlich verwandelt zur unermeßlichen Landschaft, die Sterne darin zu Blumen und der ganze Frühling ein Bild der Schönen. - Und so durchschweifte er lange die schönen Täler um Lucca, den prächtigen Landhäusern, Kaskaden und Grotten wechselnd vorüber bis die Wellen die Abendrots über dem Fröhlichen zusammenschlugen."[97]

Aber wie sich sehr bald herausstellt, handelt es sich um eine überdrehte, unbegründete, weil eben nur selbsterzeugte Fröhlichkeit, eine Selbsttäuschung. Auch Florio glaubt sich unter griechischen Bildern nach Arkadien versetzt. Nur besteht es eben nicht mehr aus festem Stein, kein wirklicher Marmor, alles ist nur Maske und Verblendung.

"Florio stand noch still geblendet, selber wie ein anmutiges Bild, zwischen den schönen schweifenden Bildern. Da trat ein zierliches Mädchen an ihn heran, in griechischem Gewande leicht geschürzt, die schönen Haare in künstliche Kränze geflochten. Eine Larve verbarg ihr halbes Gesicht und ließ die untere Hälfte nun desto rosiger und reizender sehen. Sie verneigte sich flüchtig, überreichte ihm eine Rose und war schnell wieder in dem Schwarme verloren."[98]

Auf ein flüchtiges, schnell wieder verlorenes Bild läuft die ganze antike Erfahrung hier hinaus. Eine der "mehreren Masken..., unter denen er unerwartet die Griechin

---

[96] S.51f.
[97] S.54
[98] S.57

wieder erblickte, und die "viel und seltsam durcheinander sprechen", fordert ihn direkt zu solch einem Genuss des Augenblicks auf.

"`Laß das', erwiderte sie träumerisch, `nehmet die Blumen des Lebens fröhlich, wie sie der Augenblick gibt, und forscht nicht nach den Wurzeln im Grunde, denn unten ist es freudlos und still.'"[99]

Wo die schöne Griechin ihren Bewunderer hier dringlich auffordert, das Rühren in der Vergangenheit sein zu lassen, wird der Leser oder die Leserin natürlich umso deutlicher angeregt, geradezu freudianisch nach jenen "Wurzeln im Grunde" zu forschen. Was so deutlich als täuschende Oberfläche, als Attrappe, die nur "fast wie ein heidnischer Tempel"[100] aussieht, verlangt nach Aufklärung oder Desillusionierung. Glücklicherweise wird der naive Florio, der klassische Simplicius, der ewige tumbe Tor, rechtzeitig desillusioniert von eigenartigen Zeichen auf die Gefahr, in der er schwebt, aufmerksam gemacht.

"Eine Schlange fuhr zischend daraus hervor und stürzte mit dem grünlich-goldenen Schweife sich ringelnd in den Abgrund hinunter. Erschrocken verließ Florio das Fenster und kehrte zu der Dame zurück. Diese saß unbeweglich still, als lausche sie."[101]

So wird der erneute Versteinerungsprozess des Marmorbildes eingeleitet. Es wird "immer bleicher und bleicher.... gleich einer versinkenden Abendröte, worin endlich auch die lieblich spielenden Augensterne unterzugehen schienen, da erfaßte ihn ein tödliches Grauen."[102]

So wie die antike Wundergestalt zunächst Sympathie, Zuneigung bis heftige Liebe hervorgerufen hatte, entwickeln sich jetzt umgekehrt Entsetzen oder Grauen, d.h. in gewissem Sinne erzeugt hier eine Form "Gefühle", genauer: bestimmte Schemata liefern die Möglichkeit der Projektion von Empfindungen. Ganz im Sinne Wölfflins, für den die klassischen, in Italien aufbewahrten und transformierten Gestalten den deutschen Künstlern überhaupt erst die Möglichkeit der Artikulation gegeben haben, wird hier Empfindung nicht nur in eine Form gefasst. Als erschreckende, grauenhafte Gefühle werden sie von Eichendorff ganz deutlich im Verhältnis zur aufklärerischen, rationalen Oberfläche seines Zeitalters besetzt, erscheinen unbedingt als im Freudschen Sinne Verdrängtes. Die Träume, die dämonischen Erscheinungen, die sich ankündigenden Formen von Gewalt und Tod sind nichts als in der Vergangenheit, der "Kindheit" der Gattung wie der ersten Erfahrungen des Protagonisten umgeformte, verbotene, tabuierte Energien, die hier nur mit dem Marmorbild maskiert wiederkehren. Solche Aufklärung gibt am Ende die Erzählung selbst.

---

[99] S.61
[100] S.66
[101] S.71
[102] S.72

"Auch sagt man, der Geist der schönen Heidengöttin habe keine Ruhe gefunden. Aus der erschrecklichen Stille des Grabes heißt sie das Andenken an die irdische Luft jeden Frühling immer wieder in die grüne Einsamkeit ihres verfallenen Hauses heraufsteigen und durch teuflisches Blendwerk die alte Verführung üben an jungen, sorglosen Gemütern, die dann vom Leben abgeschieden, und doch auch noch nicht aufgenommen in den Frieden der Toten, zwischen wilder Lust und schrecklicher Reue an Leib und Seele verloren, umherirren, und in der entsetzlichsten Täuschung sich selber verzehren."[103]

Freud selbst hat das Beispiel eines solchen romantischen Zombies, eines in einen Stein, d.h. in seine Selbstprojektionen verwickelten literarischen Helden am Beispiel von W. Jensens "Gradiva" analysiert. Er bezeichnet den Schriftsteller da "als wertvollen Bundesgenossen", die Dichter überhaupt als in der Seelenkunde weit voraus, "weil sie da aus Quellen schöpfen, welche wir noch nicht für die Wissenschaft erschlossen haben."[104] Freud behandelt das von Jensen so genannte "Pompejanische Phantasiestück", in dem es wie bei Eichendorff um nichts als die eigenartige Belebung einer Marmorstatue geht, als durchaus exemplarisch für "die Natur der dichterischen Produktion". Die Phantasiearbeit, die sich in unterschiedlichsten Formen artikuliert, die sich am "Königsweg" der Träume nachleben lasse, sei auch in den "freien Nachbildungen solcher Träume", wie sie die Schriftsteller erfinden, zu erforschen. Die Umformungen der infantilen Wünsche in Zwangsvorstellungen, neurotische oder psychotische Fehlhandlungen sind ebenso in den Metaphern und Metonymien der schriftstellerischen Fiktion aufzuspüren. So macht die Literatur eigentlich nichts als eine solche Übersetzungsarbeit, die der Therapeut eben rückzuübersetzen habe. Manchmal sei der Literatur diese Tätigkeit durchaus klar bewusst, bei Jensen etwa tritt die Geliebte des in seinem Wahn befangenen Protagonisten in diesem Sinne als Therapeutin auf.

"So hat der Dichter die Lösung des Wahnes und das Hervorbrechen des Liebesbedürfnisses innigst miteinander verknüpft, den Ausgang in eine Liebeswerbung als notwendig vorbereitet. Er kennt das Wesen des Wahnes eben besser als seine Kritiker, er weiß, daß eine Komponente von verliebter Sehnsucht mit einer Komponente des Sträubens zur Entstehung des Wahnes zusammengetreten sind, und er läßt das Mädchen, welches die Heilung unternimmt, die ihr genehme Komponente im Wahne Hanolds heraushühlen. Nur diese Einsicht kann sie bestimmen, sich einer Behandlung zu widmen, nur die Sicherheit, sich von ihm geliebt zu wissen, sie bewegen, ihm ihre Liebe zu gestehen. Die Behandlung besteht darin, ihm die verdrängten Erinnerungen, die er von innen her nicht freimachen kann, von außen her wiederzugeben; sie würde aber keine Wirkung äußern, wenn die Therapeutin dabei nicht auf die Gefühle Rücksicht nehmen, und die Übersetzung des

---

[103] S.77
[104] Freud, Sigmund: Der Wahn und die Träume in W.Jensens >Gradiva<. Herausgegeben und eingeleitet von Bernd Urban und Johannes Cremerius. Frankfurt/M. 1973, S.90

Wahnes nicht schließlich lauten würde: Sieh', das bedeutet doch alles nur, daß du mich liebst."[105]

Auch schon die Eichendorffsche Erzählung formuliert eine Art Moral oder Fabel ihrer eigenen Narration, reflektiert sich selbst als

"...eines von jenen ursprünglichen Liedern, die, wie Erinnerungen und Nachklänge aus einer anderen heimatlichen Welt, durch das Paradiesgärtlein unserer Kindheit ziehen und ein rechtes Wahrzeichen sind, an dem sich alle Poetische später in dem älter gewordenen Leben immer wieder erkennen."[106]

Sehr präzis wird die schriftstellerische Arbeit hier bereits als "Bändigung" sonst gefährlicher Energien vorgestellt.

"Glaubt mir, ein redlicher Dichter kann viel wagen, denn die Kunst, die ohne Stolz und Frevel, bespricht und bändigt die wilden Erdengeister, die aus der Tiefe nach uns langen."[107]

Natürlich wird von Eichendorff keine im Freudschen Sinne analytische Konsequenz aus dieser Art poetischer Disziplinierung gezogen. Als gutem Katholiken gelten ihm die verdrängten Wünsche ja als zu Recht verdrängt, als das Böse, das gefälligst in der Tiefe zu bleiben habe. Insofern wird hier die Phantasie aufgeklärt und zugleich wieder mystifiziert, zu jenem "Urquell", aus dem sich mindestens die spätromantische Dichtung speist. Über weite Strecken hat dann auch die Literaturwissenschaft solche Selbstmystifizierung übernommen. So bemerkt etwa Paul Requadt eine "Entromantisierung" des Italienbildes durch Eichendorffs Texte.

"Eichendorff entromantisiert Italien, damit es seinen Helden keinen Schaden tut, aber in diesem Zuge der >Realisierung< des Landes wird das Reale als Dingliches und Zusammenhangloses wieder zum poetischen Zeichen für das heillose, während die Gottesstadt, in sich vernichtenden Bildern beschaut, das Sein ist."[108]

Aber was hier mit Entromantisierung bezeichnet wird, ist nichts als ein gewisser, bereits beschriebener Desillusionierungsprozess, d.h. die Ablösung des arkadischen Italien durch das dunkle, dämonische, gefährliche. Diese Aushöhlung des schönen Scheins, die Transformierung der hellen Kulturlandschaft in eine Maske, bildet ja geradezu eine Hauptlinie der romantischen Intention, den Grund für die Herstellung einer möglichst vagen, in ihren Worten eben dämonischen, ungreifbaren Tiefe. Requadt zitiert eine der seiner Meinung nach entromantisierten Stellen aus dem "Taugenichts" Eichendorffs:

"Ich kam nun zuerst auf eine große einsame Heide, auf der es so grau und still war wie im Grabe. Nur hin und her stand ein altes verfallenes Gemäuer oder ein trockener wunderbar gewundener Strauch; manchmal schwirrten Nachtvögel durch die Luft,

---

[105] S.156
[106] S.77f.
[107] S.78
[108] Requadt, a.a.O., S. 120

und mein eigener Schatten strich immerfort lang und dunkel in der Einsamkeit neben mir her. Sie sagen, daß hier eine uralte Stadt und die Frau Venus begraben liegt, und die alten Heiden zuweilen noch aus ihren Gräbern heraufsteigen und bei stiller Nacht über die Heide gehn und die Wanderer verwirren. Aber ich ging immer gerade fort und ließ mich nichts anfechten. Denn die Stadt stieg immer deutlicher und prächtiger vor mir herauf, und die hohen Burgen und Tore und goldenen Kuppeln glänzten so herrlich im hellen Mondschein, als ständen wirklich die Engeln in goldnen Gewändern auf den Zinnen und sängen durch die stille Nacht herüber."[109]

Wie die Eichendorff-Literatur sieht auch Requadt hier nur sich selbst vernichtende Bilder.

"Man hat auf die durchgängige Selbstaufhebung dieser Bilder hingewiesen: daß der Löwe als >eingeschlafener< Löwe seine Macht preisgibt... Das Bewußte wird bewußtlos, das Bewußtlose bewußt; der Löwe verkörpert Gewalt und Friedlichkeit, die Berge sind zugleich Schutzengel und Gefängnis. Dies himmlische Rom besteht statt in anschauberer Dinglichkeit in Bildern, die in sich selbst verschwinden."[110]

Aber dass etwas in Bilder, wenn auch paradoxe, transformiert wird, heißt ja noch keineswegs, dass es verschwindet. Es koppelt sich von einer wie immer phantasmatischen "Dinglichkeit" ab, das ist richtig. Eichendorff wie sein Interpret artikulieren aber nur eine unauflösbare, mit dem Poetisierungsprozess eben ganz unabtrennbare Ambivalenz. Das Bewusste als vom Unbewussten motiviert, das Unbewusste zugleich bewusst artikuliert, wenn auch durch "Masken", diese doppelte Konnotation wird ja eben als das spezifische der ästhetischen Beschreibung Italiens entwickelt. "Italien" wird der Literatur selbst nach und nach als besondere Projektionsfläche bewusst, als "Geliebte" oder eben Marmorbild, aus dem die Literatur entsteht. "Das liebreizende, viel gepriesene Land unten schlug die Schleier zurück und blickte ihn wie eine Geliebte ins Herz".[111] Ebenso produziert das Land Gefühle, Triebkräfte für eine Literatur, die immer genauer weiß, daß sie nichts als Maskierungen eigener Wünsche hervorbringt. So gehört die Eichendorffsche Erzählung denn auch zu einer sehr viel weiteren mythischen Tradition, die diesen Einbildungsprozess auch unabhängig von seiner Ansiedlung in Italien mit immer neuen Varianten beschrieben hat: jener Geschichte von Pygmalion, der sich in die von ihm geschaffene Statue so rettungslos verliebt, dass die Göttin Venus ein Erbarmen mit ihm hat und den Stein belebt. Solcher für den Bildhauer mehr oder weniger glückliche oder auch gefährliche bis tödliche Belebungsprozess ist von Ovid bis zu Bodmer, Rammler, Mérimée bis zu Landolfi im 20. Jahrhundert immer wieder neu gestaltet worden. Neben vielen anderen hat auch Völker diese Tradition verfolgt.

"Der Sage von Pygmalion haftet zunächst nichts Unheimliches an. Das künstliche Wesen verschafft dem Künstler lediglich die Freuden, die ihm die unzulängliche Beschaffenheit der Welt und der Natur nicht gewähren. Für Herder bedeuteten auch

---
[109] S.118
[110] S.119
[111] S. 121

der >Pygmalionismus< die gebildete Allegorie eines geistigen Sinnes, >der sich hier in den Stein senkte<; ein Kunstwerk bezeichnet er als das verkörperte Vorbild von Geist, Charakter und Seele, dem der Künstler >Fleisch und Gebein< schafft, dem er Form gibt".[112]

Die Schriftstellerei oder überhaupt die ästhetische Produktion gehorcht demnach einem solchen Pygmalionismus. Nichts als dem eigenen Inneren verschafft der Künstler Fleisch und Bein, am Marmor interessiert keineswegs die feste Substanz, nur die bleiche, weiße Oberfläche, der Bildschirm, von dem die Projektionen reflektiert werden können.

Notwendige Ergänzungen

Nach der in Goethes *Italienischer Reise* kulminierenden Idealisierung Italiens entwickelt sich, wie bei Eichendorff zu sehen, dieser Mythos durchaus ambivalent. Die bezaubernde Oberfläche, das sonnendurchflutete Land mit den bereits von Natur zu großer Kultur begabten Bewohnern wird ausgehöhlt, erhält eine gefährlich-verwirrende Tiefe.

"Die romantische Urlandschaft also, die bei Eichendorff immer wiederkehrt, mit ihren gefährlichen Abgründen, ihrem geisterhaften Mondglanz, versunkenen Gärten und Palästen, verschmelzen mit dem Bilde Romas, das nichts Reales mehr hat, sondern etwas traumhaft hinter allen Dingen Lockendes andeutet."[113]

So wird die südliche Irritation, wird Italien als "Ganzes" von Eichendorff abgelehnt.

"Ich komme aus Italien fern
und will Euch alles berichten.
Vom Berg Vesuv und Romas Stern
Die alten Wundergeschichten.
Da singt eine Fey auf blauem Meer.
Die Myrten trunken lauschen
Mir aber gefällt doch nicht so sehr
Als das deutsche Waldesrauschen."[114]

Das mag wie eine platte Umkehrung der Wertung von Nord und Süd, darüber hinaus wie eine unfreiwillige Parodie des tradierten Italienbildes klingen. Es handelt sich aber um die durchaus konsequente Fortführung der in diesem Bild schon immer angelegten Polarisierung von Kälte-Wärme, Licht-Nacht, Kalkül-Gefühl etc.. All

---

[112] Völker, Klaus (Hrsg.): Künstliche Menschen. Dichtungen und Dokumente über Golems, Homunculi, Androiden und liebende Statuen. München 1976, S.378f.
[113] Emrich, a.a.O., S.278
[114] Eichendorff, bei Emrich, S.278

diese Oppositionen werden in der Folge nur anders bewertet, hinter oder im antiken "Gott" erscheint das archaische "Tier". Etwa bei Hebbel.

"Heliogabalus ließ die Gäste ersticken mit Veilchen: Schönes Italien, drohst Du mir ein ähnliches Los? Deiner Fülle erlieg ich! Sie ist für Götter und Käfer! Göttern bin ich nicht gleich, Käfern noch minder verwandt".[115]

Als Auflösung der klaren Opposition von Natur und Kultur in einen unlösbaren Zwiespalt versteht dies Emrich. "Italien erhebt den Menschen zum Gott oder macht ihn zum gedankenlos dahinredenden Tier. Es beraubt ihn seiner menschlichen Mitte, die für Hebbel immer im Zwiespalt zwischen dem Göttlichen und dem triebhaft-naiv Tierischen sich befindet, und durch diesen Zwiespalt ihm seine menschliche Würde verleiht."[116]

Nichts als der Auflösungsprozess einer solchen "Würde" einer ganzen Kultur wie ihrer Protagonisten wird dann um die Jahrhundertwende von Hoffmannsthal, Rilke, vor allem Thomas Mann beschrieben. Als Untergang aller klaren Gestalten, aller Ordnung und klassischen Schönheit in Chaos und "Dschungel" wird Thomas Mann dies im *Tod in Venedig* beschreiben.

In diesem ganz konsequenten Bogen gibt es allerdings eine Parenthese, einen Abweichler. Ein von positiver Idealisierung wie negativer Dämonisierung gleichermaßen ironisch distanziertes Zwischenbild liefern Heinrich Heines Aufzeichnungen seiner *Reise von München nach Genua*. Zunächst ist Heine Rezensent, ein Kritiker der Italienliteratur, in der sich für ihn nichts als Philisterideale realisieren.

"Den Nimbus, von dem eine Reise nach Italien umgeben war, glossiert die Episode des Berliner Philisters, der von Reisen nach Konstantinopel, Petersburg und Kopenhagen schwärmt, bei dem Hinweis Heines, nach Italien reisen zu wollen, aber in einen regelrechten Begeisterungstaumel verfällt. >Das gab mir den letzten Sporn. Morgen reise ich, beschloß ich auf der Stelle. Ich will nicht länger zögern, ich will sobald als möglich das Land sehen, das den trockensten Philister so sehr in Ekstase bringen kann, daß er bei dessen Erwähnung plötzlich wie eine Wachtel schlägt.<"[117]

Die Reisebeschreibungen, die Italienliteratur seiner Zeit kannte Heine umfassend, führt selbst in seiner "Reise" die wichtigsten auf, wobei er sich auf Wilhelm Müllers Literaturbericht von 1820/21 bezieht. So hat etwa Michael Werner und mit ihm Oswald Heines Text "Nicht nur als Dokument einer empirischen Reise" angesehen, "sondern vor allem als Ergebnis eines jahrelanges Rezeptionsprozesses, als Auseinandersetzung mit einer bestimmten Tradition."[118] Heines Text ist vor allem ein parodistisches Textspiel, eine Kombination, eine ironische Montage, ein Intertext, der

---

[115] Hebbel, bei Emrich, S.279
[116] ebda.
[117] Oswald, a.a.O., S.137
[118] ebda.

die Elemente des Tradierten gegeneinander ausspielt, in durchaus aufklärerischem Interesse.

"Während die Sonne immer schöner und herrlicher aus dem Himmel hervorblühte und Berg und Burgen mit Goldschleiern umkleidete, wurde es auch in meinem Herzen immer heißer und leuchtender, ich hatte wieder die ganze Brust voll Blumen, und diese sproßten hervor und wuchsen mir gewaltig über den Kopf, und durch die eignen Herzblumen hindurch lächelte wieder himmlisch die schöne Spinnerin. Befangen in solchen Träumen, selbst ein Traum, kam ich nach Italien, und da ich während der Reise schon ziemlich vergessen hatte, daß ich dorthin reise, so erschrak ich fast, als mich all die großen italienischen Augen plötzlich ansahen und das buntverwirrte italienische Leben mir leibhaftig, heiß und summend, entgegenströmte."[119]

Alle Bildelemente werden hier zitiert, Sonne-Blumen-Berge-Burgen-usw.usw.. Aber es sind eben nur Phantasien, eigene "Herzblumen", nur ein Traum der Literatur. Auf den ersten Blick scheint es sogar, als würde Heine durch den Traum hindurch die Natur und die Städte mit ihren klassischen Ruinen wahrnehmen wollen. So schreibt er etwa zu Trient:

"Diese Stadt liegt alt und gebrochen in einem weiten Kreise von blühend grünen Bergen, die, wie ewig junge Götter, auf das morsche Menschenwerk herabsehen. ... Die Stadt selbst ist abenteuerlich gebaut, und wundersam wird einem zu Sinn beim ersten Anblick dieser uraltertümlichen Häuser mit ihren verblichenen Freskos, ... solcher Anblick wäre allzu wehmütig, wenn nicht die Natur diese abgestorbenen Steine mit neuem Leben erfrischte..."[120]

Aber diese angebliche Belebung des Steins durch Natur stellt sich sofort als Eichendorffscher Traum oder eher als Trauma heraus.

"Ich war wirklich wie im Traum, wie in einem Traume, wo man sich auf irgendetwas besinnen will, was man ebenfalls einmal geträumt hat. ... Auch die Gesichter der alten Frauen schienen mir so bekannt, es kam mir vor, als wären sie herausgeschnitten aus jenen altitalienischen Gemälden, die ich einst als Knabe in der Düsseldorfer Galerie gesehen habe. Ebenfalls die alten Männer schienen mir so längst vergessen wohlbekannt, und sie schauten mich an mit ernsten Augen, wie aus der Tiefe eines Jahrtausends."[121]

Heine "erlebt" hier nichts als den romantischen Text, den schönen Schrecken seiner Erfindungen. So macht er sich über ihn lustig, und auf und davon.

"Sogar die kecken jungen Mädchen hatten so etwas jahrtausendlich Verstorbenes und doch wieder blühend Aufgelebtes, daß mich fast ein Grauen anwandelte, ein süßes Grauen, wie ich es einst gefühlt, als ich in der einsamen Mitternacht meine Lippen

---

[119] Heine, Heinrich: Reisebilder. Bd. 3. Hamburg 1830. Bd. 4. Hamburg 1831, S.223

[120] S.223f.

[121] ebda.

preßte auf die Lippen Marias, einer wunderschönen Frau, die damals gar keinen Fehler hatte, als daß sie tot war. Dann aber mußt ich wieder über mich selbst lächeln, und es wollte mich bedünken, als sei die ganze Stadt nichts anderes als eine hübsche Novelle, die ich einst einmal gelesen, ja die ich selbst gedichtet, und ich sei jetzt in mein eigenes Gedicht hineingezaubert worden und erschräke vor den Gebilden meiner eigenen Schöpfung."[122]

Glücklicherweise stolpert er über eine dicke Obstfrau, die ihm "einige wirkliche Feigen an die Ohren" wirft, "und ich gewann dadurch die Überzeugung, daß ich mich in der wirklichsten Wirklichkeit befand."[123] Dass Heine bei solcher Destruktion der tradierten Mythen ganz andere Interessen verfolgt, durch's Bild hindurch den Blick auf das wirkliche Italien freilegen will, wird an der Weise deutlich, in der er die allenthalben anzutreffende Musik, den beständigen Gesang, die opera buffa Italiens vorstellt.

"Dem armen geknechteten Italien ist ja das Sprechen verboten, und es darf nur durch die Musik die Gefühle seines Herzens kundtun. All sein Groll gegen fremde Herrschaft, seine Begeisterung für die Freiheit, sein Wahnsinn über das Gefühl der Ohnmacht, seine Wehmut bei der Erinnerung an vergangene Herrlichkeit, dabei sein leises Hoffen, sein Lauschen, sein Lechzen nach Hilfe, alles dies verkappt sich in jene Melodien... Das ist der esoterische Sinn der Opera Buffa. Die esoterische Schildwache, in deren Gegenwart sie gesungen und dargestellt wird, ahnt nimmermehr die Bedeutung dieser heiteren Liebesgeschichten, Liebesnöte und Liebesneckereien, worunter der Italiener seine tödlichsten Befreiungsgedanken verbirgt..."[124]

Wo Goethe im Bild Mignons die Poesie, den Tanz, die Schönheit, alle Geheimnisse des Landes "wo die Zitronen blühn" allegorisiert, und mit ihrem Sterben allerhöchstens eine kritische Anmerkung zum romantischen Poesiebegriff macht, "zeichnet Heine das Bild des unterdrückten Italien, das seine nationale Identität und seine Hoffnung auf Befreiung von der österreichischen Besetzung nur in der Musik zum Ausdruck bringen kann."[125] Noch am ehesten vergleichbar ist Heines Text der Reisebeschreibung Archenholtz'. Wie diese formuliert er eine Kritik an politischen oder sozialen Verhältnissen, die eigentlich nur einen Umweg über Italien macht, deren Objekt am Ende das eigene Land darstellt, die "antiken", d.h. der Reform wenn nicht Revolution bedürftigen Verhältnisse Deutschlands.

"Heines >Reise von München nach Genua< führt durch das Europa der Restauration, ihr Gegenstand ist die politische Situation der Zeit, die ihm überall unübersehbar in den Weg tritt und seine Imagination durchbricht; so etwa im Amphitheater von Verona: >Plötzlich erscholl das dumpfsinnige Geläute einer Betglocke und das fatale

---

[122] S.224f.
[123] S.225
[124] S.137
[125] Oswald, a.a.O., S.137

Getrommel des Zapfenstreichs... und ich war wieder ganz in der christlich österreichischen Gegenwart.<"[126]

Der Ort der allergrößten Kulturverehrung, den wohl kein Italienreisender ausgelassen hatte, für Goethe der erste intensive Auslöser seiner "Italientheorie", jener Idee eines Dritten aus Natur und Kultur, der erfundenen, nur in der ästhetischen Vorstellung vorhandenen Gestalt, die das eigentliche Faszinosum der Gattung, zumindest des goetheschen Bewusstseins darstelle... all diese Ideale werden für Heine vom Zapfenstreich zerschlagen. Auch er erinnert sich angesichts der "uralten, weltberühmten Stadt" an eine Geschichte, allerdings eher an eine Geschichte der Gewalt, die "von den Historikern die Völkerwanderung genannt wird", d.h. an "neue Ankömmlinge, die noch ihre frischen Eisenkleider anhatten", und die Einheimischen mit ihren "seidenen Hausgewändern", die sich "friedlich unter Blumen und Zypressen" ergingen, ganz unfriedlich, genauer gesagt: blutig verdrängten. In der Arena selbst, wo eine italienische Posse aufgeführt wird, wo man "teils auf kleinen Stühlchen, teils auf den hohen Steinbänken" sitzt, also genau die Situation, die Goethes Imagination in Gang gesetzt hatte, setzt auch die seine in Bewegung, nur in eine andere Richtung.

"Das ganze Spiel hatte keinen Tropfen Blut gekostet. Es war aber nur ein Spiel. Die Spiele der Römer hingegen waren keine Spiele, diese Männer konnten sich nimmermehr am bloßen Schein ergötzen, es fehlte ihnen dazu die kindliche Seelenheiterkeit, und ernsthaft, wie sie waren, zeigte sich auch in ihren Spielen der wahrste, blutigste Ernst."[127]

Heine liefert so nebenbei die notwendigen Ergänzungen zu den arkadischen Bildern. Er formuliert eine Kritik am Idealismus, deren geniale Wendung gerade darin besteht, dass er die ganzen steinernen Zeugen der angeblich so großen Kulturen aus eben einer Idee, genauer einem Selbstmissverständnis von Größe, hervorgehen sieht.

"Aber das ist es ja eben; wie der Grieche groß ist durch die Idee der Kunst, der Hebräer durch die Idee eines heiligsten Gottes, so sind die Römer groß durch die Idee ihrer ewigen Roma, groß überall, wo sie in der Begeisterung dieser Idee gefochten, geschrieben und gebaut haben. Je größer Rom wurde, je mehr erweiterte sich diese Idee, der einzelne verlor sich darin, die großen, die noch hervorragen, sind nur getragen von dieser Idee, und sie macht die Kleinheit der Kleinen noch bemerkbarer."[128]

Heines Reisebeschreibung liefert eine Momentaufnahme der europäischen Geschichte, eine Art Querschnitt der europäischen Situation nach der Erschütterung der Revolutionen, den mühselig, nur gewaltsam aufrechterhaltenen restaurativen Verhältnissen.

---

[126] S.140
[127] Heine, a.a.O., S. 245
[128] S.246

Um Heines Aufmerksamkeiten für Italien noch einmal zusammenzufassen: Es ist ein Interesse zunächst nur an der Italien*literatur*. Heine als ihr umfassend unterrichteter Kenner parodiert in seinen eigenen Texten das darin entwickelte Ideal, hält einen ironischen Abstand insbesondere zu Goethes Konzept der Selbstbildung, das Italien nur als Steinbruch für die eigenen Ideen missbraucht, in Italien nur sieht, was es für dieses verwenden kann. Darüber hinaus hat Heines Italienbeschreibung aber noch einen anderen, an Italien letztlich ebenso wenig interessierten Hintersinn. Wie Archenholtz betreibt er über diesen Umweg eine Kritik an der Refeudalisierung Österreichs, Deutschlands, am Ende überhaupt der europäischen Restauration. Das impliziert eben auch die Kritik an einer bestimmten romantischen Literatur, wie sie etwa hier am Beispiel von Eichendorffs Wendung ins Mittelalter, seiner Dämonisierung des Italienbildes vorgestellt worden ist. Für Heine bedeutet dies nichts anderes als die Legitimierung tradierter Herrschaftsverhältnisse. Heines Interessen bezeichnen somit auch zwei Hauptlinien der Italienliteratur des 19. Jahrhunderts, die noch ins 20. hineinreichen:

Zum einen handelt es sich um eine explizit politische Literatur, die dann an den sozialen Entwicklungen Italiens tatsächlich regen Anteil nimmt. Dies betrifft sowohl die Vorgeschichte bis hin ins 18., 19. Jahrhundert. Vor allem aber interessiert sich diese Literatur für die Befreiungsbewegungen, die schließlich zur nationalen Unabhängigkeit Italiens geführt haben. Der Kampf der Italiener gegen Habsburger, Franzosen, das Papsttum, d.h. alle die regionalen Versuche, Italien aus seinen jahrhundertealten Abhängigkeiten herauszuführen, bilden auch für eine bestimmte Reihe deutscher Schriftsteller ein für die eigene, deutsche Entwicklung wichtiges Vorbild.

Zum andern gibt es eine indirekt ebenso politische Variante, mit einer ganz resignierten, melancholischen Perspektive auf die arkadische Landschaft. Emrich konstatiert eine "nachklassische schwermütige Italienverklärung", in der sich dieses politische Interesse der Schriftsteller des 19. Jahrhunderts abbilde. Als ein Beispiel sei nur eine Stelle aus den Reisetagebüchern Franz Grillparzers zitiert, der Italien vom 24. März bis Ende Juli 1819 bereist hatte.

"Man durchwandelt die Stadt; überall Größe, Stolz, Reichtum, Weltherrschaft. Palast an Palast, fast alle gleich gebaut. Zwei Eingänge, einer auf den Kanal, der andere ans Land. Im ersten Geschosse ein großer mit Marmor gepflasterter Saal, dessen eine Wand ganz aus Fenstern besteht, von außen mit Säulen geziert, wert, breitere Straßen zu zieren, alles düster, eng, streng. Diese Massen tragen den Charakter der Republik. Man möchte weinen, wenn man die Namen hört und die Reste sieht. Das Hotel all' Europe, wo ich wohnte, war einst das Haus der uralten Giustiniani, und in dem Saale, wo der alte Badoar seine Siegesfeste feierte, putzt der Bediente meine Schuhe und hängt meinen Rock dahin, wo sonst eroberte Fahnen hingen. Als ich in den Laden des Buchhändlers Fuchs trat, um nach etwas zu fragen, stand ich in dem Zimmer, wo

Bianca Capello geboren ist; kurz, für einen, der ein Gemüt hat, gibt's keinen zweiten Ort wie Venedig."[129]

Es sind Erinnerungen an eine große, sowohl politische wie ästhetische Tradition, die hier als im 19. Jahrhundert nicht mehr realisierbar betrauert wird. Wir befinden uns bereits mitten in einer Art Denkbewegung, die Adorno und Horkheimer als Dialektik der Aufklärung bezeichnet haben. Wo die einen wie Grillparzer den aufklärerisch-demokratischen Anspruch auf kollektive Regulierbarkeit sozialer Verhältnisse aufrechterhalten, entwickelt sich auf der anderen, hier als romantisch klassifizierten Seite eine bewusst archaisch formulierende, die Natur kultisch bis dämonisch-mystifizierend behandelnde Italienliteratur. Diese Tradition, die von Eichendorff bis Thomas Mann geht, wird etwa bei Nietzsche aufgenommen, der den Süden als Ort der ungebrochenen, von keiner Zivilisation verbogenen oder gehemmten Triebe feiert.

"Italien wird nun zum Gegenbild deutscher Geistigkeit, deutschen Philosophierens, deutschen Wahrheitsstrebens. Es wird zum Land instinktsicherer Unschuld, zum Land auch eines naturhaft freien Immoralismus. Aber es erhält auch metaphysische Akzente. Es ist das Land jenes heißen Mittags, in dem Zeit und Raum versinken und die Unendlichkeit uns anblickt, jenes Mittags, der in Nietzsches Weltbild den Gipfel einer diesseitigen zukünftigen, von allen göttlichen Bindungen befreiten, verewigten Menschen Existenz symbolisiert:

>Offen liegt das Meer, ins Blaue

Treibt mein Genueser Schiff.

Alles glänzt mir neu und neuer,

Mittag schläft auf Raum und Zeit :

Nur dein Auge -

ungeheuer Blickt michs an, Unendlichkeit.<"[130]

Das knüpft sich zwar an die Visionen vom arkadischen, goldenen Zeitalter, einer in Schillers Sinne naiven Identität von Natur und Kultur in einem zeitlosen "Schlaf der Vernunft". Dieser allerdings weckt bekanntermaßen Ungeheuer, von Eichendorff über Thomas Mann bis Wolfgang Koeppen begegnen sie uns immer häufiger. Sicher sind es nichts als Einbildungen. Sie sind nur in ganz anderer Weise wirksam, setzen sich in den Vorstellungen fest, durchdringen die alten Bilder so intensiv, dass man sich von ihnen nicht mehr mit einem leichten Augenaufschlag wie noch im romantischen Text befreien kann. Zunächst sind es sehr einfache, leicht unterscheidbare und kontrollierbare Einbildungen, wortwörtlich Imaginationen auf jener verwitterten alten Mauer, die Leonardo einmal dem werdenden Künstler als Projektionsfläche vorgeschlagen hatte. Statt in der Akademie nach künstlichen Vorbildern zu malen,

---

[129] Grillparzer, Franz: Reisetagebücher. Tagebuch auf der Reise nach Italien 24. März bis Ende Juli 1819. Hrsg. v. Rudolf Walbiner. Berlin: Rütten & Loening, 1987, S. 20
[130] Nietzsche , zit.b. Emrich, a.a.O., S.279

solle sich der Künstler ins Freie begeben, vor besagte Wand, und da würde er dann alles sehen: Wolken, Schlachten zu Wasser oder zu Lande, Liebespaare, Blumen, Früchte oder eben Monster. Genau in diesem Sinne wird Italien zur Projektionsfläche einer durch die tradierten Fragmente nur noch angeregten, schließlich aber freigelassenen Phantasie.

BIBLIOGRAPHIEN ZUR LITERATUR- UND MEDIENGESCHICHTE

Herausgegeben von Peter Gendolla, Hermann Korte und Karl Riha

Band 1 Bernhard J. Dotzler/Peter Gendolla/Jörgen Schäfer: MaschinenMenschen. Eine Bibliographie. 1992.

Band 2 Marcel Beyer: Friederike Mayröcker. Eine Bibliographie 1946-1990. 1992.

Band 3 Jörgen Schäfer in Verbindung mit Angela Merte: Dada in Köln. Ein Repertorium. 1995.

Band 4 Richard Sheppard: Avantgarde und Arbeiterdichter in den Hauptorganen der Deutschen Linken 1917-1922. Eine analytische Bibliographie mit einem Nachwort. 1995.

Band 5 Helmut G. Asper (Hrsg.): Bibliographie der Filmseite und der Filmnachrichten des Pariser Tageblatts/Pariser Tageszeitung 1933-1940. Herausgegeben und mit einer Einleitung von Helmut G. Asper. Bibliographische Bearbeitung; Pariser Tageblatt 1933-1936: Cornelia Fleer; Pariser Tageszeitung 1936-1940: Christina Guminski. 1995.

Band 6 Jörg Fröhling/Reinhild Meinel/Karl Riha (Hrsg.): Wende-Literatur. Bibliographie und Materialien zur Literatur der Deutschen Einheit. 1996. 2., erweiterte und aktualisierte Auflage unter besonderer Mitarbeit von Maik J. Pluschke 1997. 3., überarbeitete und erweiterte Auflage 1999.

Band 7 Anja Kreutz/Susanne Vollberg: Beiträge zur DDR-Fernseh- und Magazingeschichte. Eine kommentierte Auswahlbibliographie. 1998.

Band 8 Stefanie Kraemer / Peter Gendolla (Hrsg.): Italien. Eine Bibliographie zu Italienreisen in der deutschen Literatur. Unter Mitarbeit von Nadine Buderath. 2003.